제 2 판

네트워크 관리

천 상 훈 저

머 리 말

4차 산업혁명의 기반이 되는 인터넷은 사용자가 필요로 하는 정보를 쉽게 찾을 수 있도록 도와주는 유용한 정보 네트워크이다. 인터넷에서 스마트폰, 자율주행차, 스마트 가전기기, 컴퓨터 등의 사용자 장치들은 이더넷 스위치, 라우터 등 인터넷 장비들을 통해 연결된다. 예를 들면 가정이나 직장에서 사용자가 PC 상의 인터넷 익스플로어 프로그램을 사용하여 인터넷에 접속하면, 사용자의 정보는 이더넷 LAN 네트워크를 통과하여 라우터로 전달되고, 라우터는 이 정보를 인터넷 WAN 네트워크를 통해 목적지까지 전달한다.

네트워크 엔지니어는 인터넷 설치 및 개통, 인터넷 장애복구, 인터넷 보안 설정, 무선랜 설정 등의 전문적인 네트워크 유지보수업무를 수행한다. 최근의 클라우딩 네트워크 환경에서는 IDC 센터 내의 네트워크 구축 및 관리 등의 업무도 수행한다.

본 교재는 네트워크 엔지니어로서 갖추어야 할 기본적인 네트워크 이론과 함께 네트워크 구축 및 운영을 모의실험을 통해 실습해 봄으로써 실무 지식도 갖추어 전반적인 네트워크 관리 역량을 강화하고자 하였다. 네트워크 이론은 총 5부로 구성된다. 1부 네트워크 기초에서는 네트워크 개론, TCP/IP 프로토콜을 다룬다. 2부 네트워크 장비 기초는 Switch, Router를 다룬다. 3부 IP 라우팅에서는 라우팅 개념 및 설정, RIP, EIGRP, OSPF, 라우팅 문제 해결을 다룬다. 4부 LAN 기술 고급에서는 가상랜(VLAN), STP 프로토콜, 무선랜(WLAN)을 다룬다. 5부 라우터 기술 고급에서는 PPP 프로토콜, ACL, NAT, IPv6을 다룬다. 네트워크 실습은 관련된 네트워크 이론에 이어서 배치하였다. LAN 연결, LAN 구축, Router 환경설정, 라우터 인터페이스 설정, LAN-WAN-LAN 네트워크, Static Routes, RIP, EGIRP, VLAN, Router on a Static, STP, WLAN, PPP, NAT, ACL 등의 네트워크를 구성하여 모의실험한다.

네트워크 엔지지어의 실무 역량 강화를 위한 목적으로 저술하였으나, 내용을 전개하는 과정에서 핵심만을 기술하는 형태를 취하였기 때문에 한 번에 소화하기에는 어려움이 있을 수 있다. 이론 부분은 개념을 바탕으로 이해를 도모하고 실습 부분은 실습 명령어의 적용을 통해 실무적인 감각을 향상시키도록 노력해야 한다.

저자 올림

목 차

제 1 부 네트워크 기초 ······ 1

1장 네트워크 개요 ······ 1
2장 TCP/IP 프로토콜 ······ 7

제 2 부 네트워크 장비 기초 ······ 28

3장 Switch ······ 29
4장 Router ······ 40

제 3 부 IP 라우팅 ······ 63

5장 라우팅 개념 및 설정 ······ 63
6장 RIP ······ 75
7장 EIGRP ······ 83
8장 OSPF ······ 92
9장 라우팅 문제 해결 ······ 97

제 4 부 LAN 기술 고급 ······ 99

10장 가상랜(VLAN) ······ 100
11장 STP 프로토콜 ······ 115
12장 무선랜(WLAN) ······ 125

제 5 부 라우터 기술 고급 ······ 137

13장 PPP 프로토콜 ······ 137
14장 ACL ······ 144
15장 NAT ······ 159
16장 IPv6 ······ 171

1 부 네트워크 기초

1장 네트워크 개요
2장 TCP/IP 프로토콜

1 장 네트워크 개요

1-1 네트워크 프로토콜
1-2 네트워크 구축 기술

1-1 네트워크 프로토콜

- OSI 7 모형
  - 국제표준화기구(ISO)에서 개발
  - 프로토콜을 기능별로 7개로 나누어 구현

계층(Layers)	기능(Functions)
Application(7)	사용자에게 응용 서비스를 제공
Presentation(6)	데이터의 형식, 부호화, 암호화, 압축
Session(5)	응용 서비스간 연결(세션)의 설정, 유지, 종료
Transport(4)	종단간 전송 제어
Network(3)	목적지까지의 경로 제어
Data link(2)	인접장비간 전송 제어
Physical(1)	물리매체에 신호 전송

- TCP/IP 프로토콜
  - 미국방성에서 개발
  - 인터넷 표준 프로토콜

TCP/IP 계층	기능
어플리케이션(Application) 계층	메시지 생성
트랜스포트(Transport) 계층	세그먼트 전송
네트워크(Network) 계층	패킷 라우팅 및 전송
네트워크 액세스(Network access) 계층	물리매체에 신호 전송

- OSI 7 모형과 TCP/IP 비교

OSI 7 계층	TCP/IP 프로토콜	대표적인 프로토콜	데이터 포맷
Application(7)	Application	HTTP	메시지 (Message)
Presentation(6)			
Session(5)			
Transport(4)	Transport	TCP	세그먼트 (Segment)
Network(3)	Network	IP	패킷 (Packet)
Data link(2)	Network Access	Ethernet	프레임 (Frame)
Physical(1)			

1-2 네트워크 구축 기술

- LAN
- WAN
- WLAN

LAN

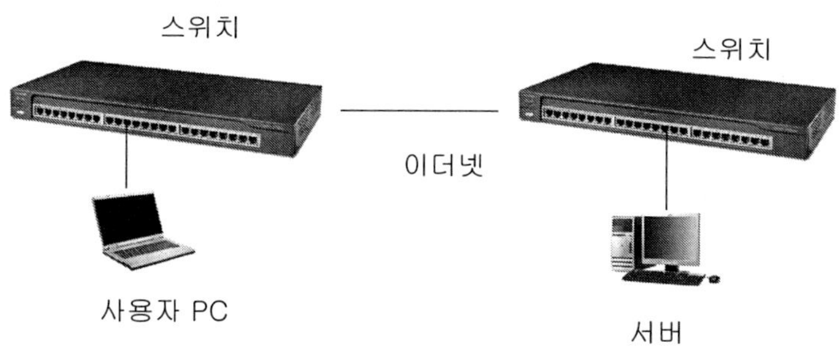

- LAN (Local Area Network)
  - 근거리 통신망
  - 이더넷 스위치 사용
  - 제한된 거리(10km) 이내의 장치들 간의 통신을 지원

WAN

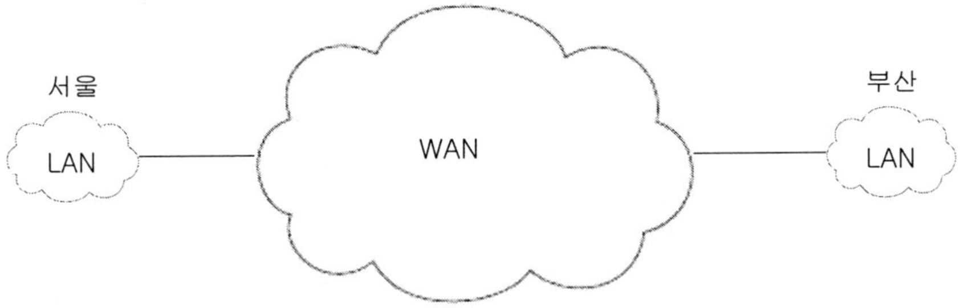

- WAN(Wide Area Network)
  - 원거리 통신망
  - 라우터(router) 사용
  - 지역과 지역 혹은 국가를 연결하는 광역(수십 km ~수백 km) 통신망

WLAN

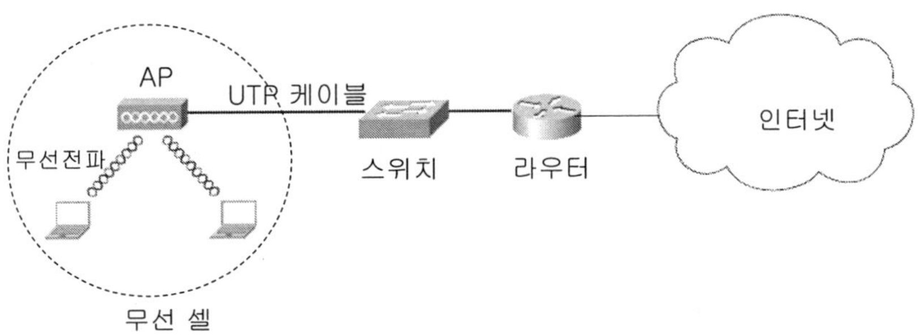

- 액세스 포인트 (AP)
  - 노트북 등의 무선 장치를 유선 망에 연결

LAN 연결 실습

< 기본지식 >

❖ PC-Switch 연결

- Copper Straight-through 케이블을 사용한다.
- 예) PC – Switch

< LAN 연결 실습 절차 >

1. 장비 선택 및 연결

< LAN 연결 토폴로지 >

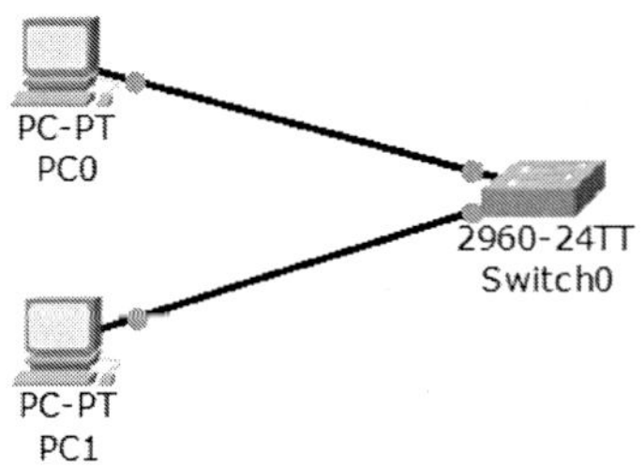

< LAN 연결 실습 >

1 단계. 장비 선택 및 연결

1-1 스위치 2960과 두 대의 PC를 배치한다.

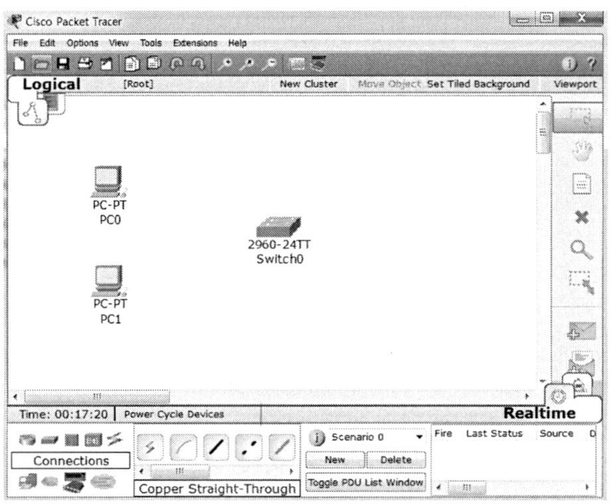

1-2 Switch0의 Fa0/1과 PC0의 Fast Ethernet을 Copper Straight-through로 연결한다.

1-3 Switch0의 Fa0/2와 PC1의 Fast Ethernet을 Copper Straight-through로 연결한다.

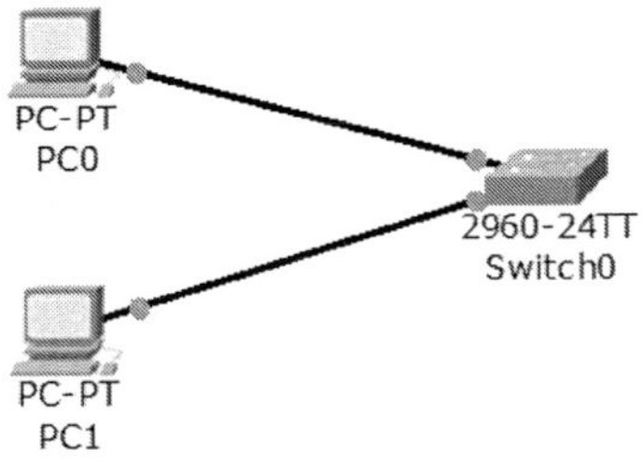

2장

TCP/IP 프로토콜

2-1 어플리케이션 계층

- 어플리케이션 계층 기능
  - OSI 모형의 7, 6, 5 층에 해당
  - 송신측 호스트와 수신측 호스트 간(종단간)에 메시지(message) 전송

- 어플리케이션 계층 프로토콜
  - HTTP : 웹 페이지 전송
  - SMTP/POP3 : 이메일 전송
  - FTP : 파일 전송
  - Telnet : 원격 접속
  - DNS : 도메인 네임과 IP 주소 변환

- 웹 어플리케이션 동작
  - 웹 브라우저가 HTTP Request 메시지를 웹 서버에 전송
  - 웹 서버는 HTTP Reply 메시지를 웹 브라우저에 응답

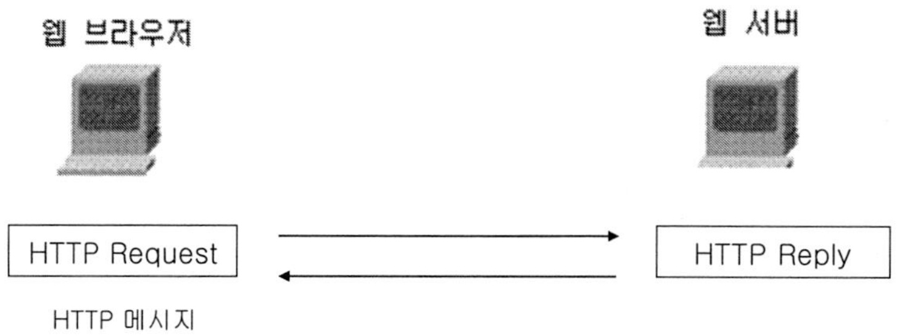

2-2 트랜스포트 계층

- 트랜스포트 계층 개념
- TCP 프로토콜
- UDP 프로토콜
- TCP/UDP 포트 번호

트랜스포트 계층 개념

- 트랜스포트 계층 기능
  - OSI 모형의 4층에 해당
  - 종단간에 세그먼트(Segment) 전송

- 트랜스포트 계층 프로토콜
  - TCP : 신뢰성이 중요한 파일 등의 데이터 전송
  - UDP : 신뢰성은 떨어지지만 속도가 중요한 멀티미디어 전송

- 트랜스포트 계층 동작
  - 어플리케이션 메시지를 세그먼트의 데이터 부분에 맞게 분할
  - 분할된 메시지를 세그먼트의 데이터 부분에 탑재(encapsulation)
  - 세그먼트의 헤더에 제어정보 (포트 번호 등) 설정
  - 세그먼트(segment) 전송

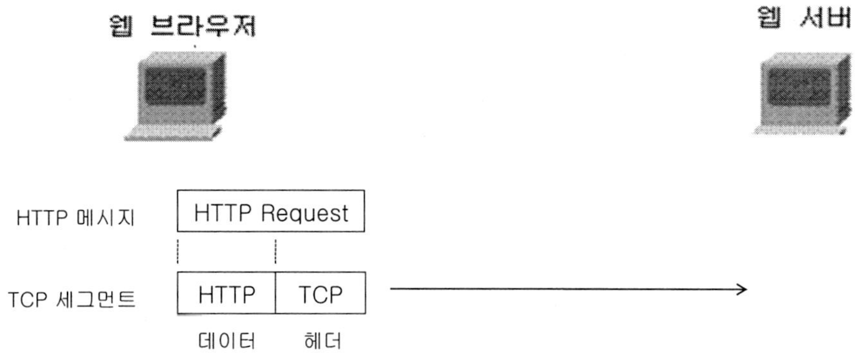

TCP 프로토콜

- TCP 세그먼트

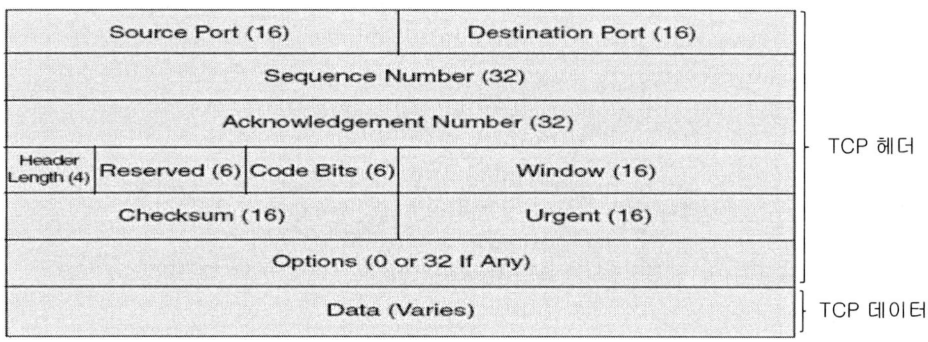

- Source Port : TCP 송신측 포트번호
- Destination Port : TCP 수신측 포트번호
- Sequence Number : 세그먼트 전송순서를 표시하기 위한 일련번호
- Acknowledgement Number : 세그먼트 정상수신에 대한 확인번호
- Window : TCP 수신측의 데이터 수용 가능 버퍼 크기
- Data : TCP 세그먼트의 데이터 부분(최대 1460 바이트)

UDP 프로토콜

- UDP 세그먼트

Source Port(16)	Destination Port(16)	UDP 헤더
Length(16)	Checksum(16)	
Data		UDP 데이터

- 연결확립 기능 없음 : 비연결형(Connectionless) 서비스 제공
- 오류복구 기능 없음 : 신뢰성 없음(no reliability)
- 흐름제어 기능 없음(no windowing)
- 재정렬 기능 없음(no reordering)
- TCP 보다 헤더 바이트 수가 적어서 처리시간이 짧음
- VoIP, DNS, NFS, TFTP 등의 어플리케이션에 사용

TCP/UDP 포트번호

어플리케이션	프로토콜	포트번호
Telnet	TCP	23
HTTP(WWW)		80
FTP		20(Data), 21(Control)
POP3		110
SMTP		25
DNS	TCP, UDP	53
DHCP	UDP	67, 68
SNMP		161
TFTP		69

2-3 네트워크 계층

- 네트워크 계층 개념
- IPv4 프로토콜
- IP 주소
- 서브네팅(Subnetting)
- 서브넷 마스크(Subnet Mask)
- IP 주소 범위
- 특수 IP 주소

네트워크 계층 개념

- 네트워크 계층 기능
  - OSI 모형의 3층에 해당(Layer 3)
  - 호스트와 라우터, 라우터와 라우터 간에 패킷(Packet) 전송
  - IP 주소를 사용하여 경로 설정
- 네트워크 계층 프로토콜
  - IP : 패킷 전송
  - ICMP : 인터넷 오류 제어
  - ARP : IP 주소와 MAC 주소 간 변환
  - RIP, EIGRP, OSPF, BGP : 라우팅 테이블 갱신

- 네트워크 계층 동작
  - 트랜스포트 세그먼트를 패킷의 데이터 부분에 맞게 분할
  - 분할된 세그먼트를 패킷의 데이터 부분에 탑재(encapsulation)
  - 패킷의 헤더에 제어정보 (IP 주소 등) 설정
  - 패킷(packet) 라우팅 및 전송

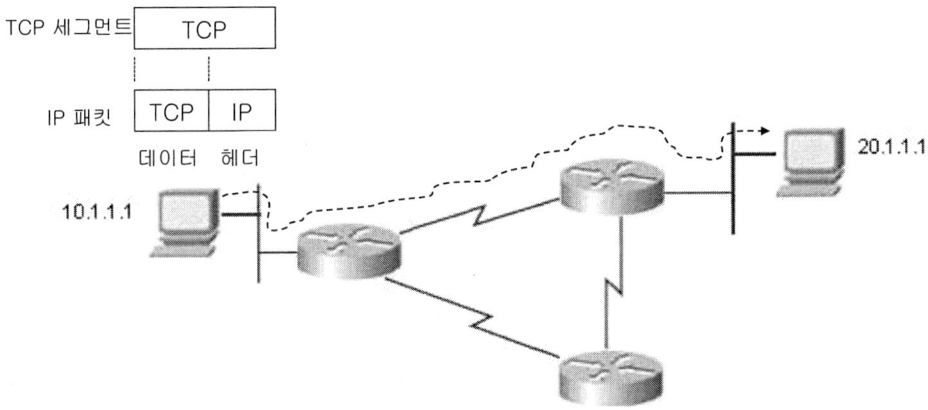

IPv4 프로토콜

- IP 패킷

0	8	16	24 31
Version	Header Length	DS Field	Packet Length
Identification		Flags (3)	Fragment Offset (13)
Time to Live	Protocol	Header Checksum	
Source IP Address			
Destination IP Address			

- Version : IP 프로토콜의 버전
- Time-to-live : 패킷의 수명 (초기값 15, 라우터 통과시 1 감소, 0되면 폐기)
- Protocol : 탑재된 트랜스포트 프로토콜 표시
- Source IP Address : IP 패킷 송신지 IP 주소
- Destination IP Address : IP 패킷 목적지 IP 주소

IP 주소

- IP 주소
  - Layer3(네트워크 계층) 주소
  - 32 비트 사용 : 10101000 00000001 00000001 00000001
  - 바이트 단위로 이진수를 십진수로 변환하고 점으로 구분 : 168.1.1.2
  - IP 주소 = 네트워크 번호(N) + 호스트 번호(H)
- IP 주소의 십진수-이진수 변환

  예1) 203.230.12.80
  - 203 = 128 + 64 + 8 + 2 + 1
  - 230 = 128 + 64 + 32 + 4 + 2
  - 12 = 8 + 4
  - 80 = 64 + 16
  - 11001011.11100110.00001100.01010000

  예2) 150.111.54.44
  - 150 = 128 + 16 + 4 + 2
  - 111 = 64 + 32 + 2 + 1
  - 54 = 32 + 16 + 4 + 2
  - 44 = 32 + 8 + 4
  - 10010110.01100011.00110110.00101100

- A 클래스 IP 주소
  - 첫 번째 옥테트의 십진수 값: 1 ~ 126
  - 예) 10.1.1.1
  - 기본 주소 형식 : N.H.H.H
  - 네트워크 8 비트 : 10
  - 호스트 24 비트 : 1.1.1
  - 최대 2^{24} – 2 개의 호스트, 모두 0인 것과 모두 1인 것 제외
- B 클래스 IP 주소
  - 첫 번째 옥테트의 십진수 값: 128 ~ 191
  - 예) 172.16.1.1
  - 기본 주소 형식 : N.N.H.H
  - 네트워크 16 비트 : 172.16
  - 호스트 16 비트 : 1.1
  - 최대 2^{16} – 2 개의 호스트, 모두 0인 것과 모두 1인 것 제외
- C 클래스 IP 주소
  - 첫 번째 옥테트의 십진수 값: 192 ~ 223
  - 예) 192.168.1.1
  - 기본 주소 형식 : N.N.N.H
  - 네트워크 24 비트 : 192.168.1
  - 호스트 8 비트 : 1
  - 최대 2^{8} – 2 개의 호스트, 모두 0인 것과 모두 1인 것 제외

서브네팅(Subnetting)

- 서브네팅(Subnetting)
  - 네트워크에 너무 많은 호스트가 있어서 관리가 용이하지 않음을 해결
  - IP 주소의 호스트 부분을 서브넷 부분과 호스트 부분으로 분할
  - IP 주소 = 네트워크 번호 + 서브넷 번호 + 호스트 번호
- A 클래스를 8비트 서브네팅
  - 기본 IP 주소 = 네트워크 8 비트 + 호스트 24 비트
  - 서브네팅 IP 주소 = 네트워크 8 비트 + 서브넷 8 비트 + 호스트 16 비트
  - 최대 254 개의 서브넷 : $2^8 - 2$, 모두 0인 것과 모두 1인 것 제외
  - 최대 $2^{16} - 2$ 개의 호스트, 모두 0인 것과 모두 1인 것 제외
- B 클래스를 5비트 서브네팅
  - 기본 IP 주소 = 네트워크 16 비트 + 호스트 16 비트
  - 서브네팅 IP 주소 = 네트워크 16 비트 + 서브넷 5 비트 + 호스트 11 비트
  - 최대 62 개의 서브넷 : $2^6 - 2$, 모두 0인 것과 모두 1인 것 제외
  - 최대 $2^{11} - 2$ 개의 호스트, 모두 0인 것과 모두 1인 것 제외
- C 클래스를 3비트 서브네팅
  - 기본 IP 주소 = 네트워크 24 비트 + 호스트 8 비트
  - 서브네팅 IP 주소 = 네트워크 24 비트 + 서브넷 3 비트 + 호스트 5 비트
  - 최대 6 개의 서브넷 : $2^3 - 2$, 모두 0인 것과 모두 1인 것 제외
  - 최대 $2^5 - 2$ 개의 호스트, 모두 0인 것과 모두 1인 것 제외

서브넷 마스크

- 서브넷 마스크 (Subnet Mask)
  - IP 주소에서 네트워크와 서브넷, 호스트를 구분
  - 네트워크와 서브넷 부분은 이진수 1로, 호스트 부분은 이진수 0으로 구분
  - 프리픽스 형식 : /네트워크와 서브넷의 이진수 길이
  - 십진수 형식 : IP 주소처럼 8비트 단위로 십진수 변환 후 점으로 표시
  - 프리픽스 예) /24 : 네트워크와 서브넷의 길이는 24비트이고 호스트는 8비트
  - 십진수 예) 255.255.255.255.0
- 기본 A 클래스 서브넷 마스크
  - 기본 IP 주소 = N.H.H.H = 네트워크 8 비트 + 호스트 24 비트
  - 서브넷 마스크 = 11111111.00000000.00000000.00000000
  - 프리픽스 서브넷 마스크 = /8
  - 십진수 서브넷 마스크 = 255.0.0.0
- 8비트 서브네팅 A 클래스 서브넷 마스크
  - 서브네팅 IP 주소 = 네트워크 8 비트 + 서브넷 8 비트 + 호스트 16 비트
  - 서브넷 마스크 = 11111111.11111111.00000000.00000000
  - 프리픽스 서브넷 마스크 = /16
  - 십진수 서브넷 마스크 = 255.255.0.0

IP 주소 범위

- IP 주소 범위
  - 서브넷 주소, 첫 번째 호스트 IP 주소 ~ 마지막 호스트 IP 주소, 서브넷 브로드캐스트 주소
- 서브넷 주소 : IP 주소에서 프리픽스 길이 이후를 이진수 0으로 채움
- 서브넷 브로드캐스트 주소 = IP 주소에서 프리픽스 길이 이후를 이진수 1로 채움
- 첫 번째 호스트의 IP 주소 = 서브넷 주소 + 1
- 마지막 호스트의 IP 주소 = 서브넷 브로드캐스트 주소 - 1
- 172.16.1.1/24의 IP 주소 범위
  - 서브넷 주소 = 172.16.1.0
  - 서브넷 브로드캐스트 주소 = 172.16.1.255
  - 첫 번째 호스트의 IP 주소 = 172.16.1.1
  - 마지막 호스트의 IP 주소 = 172.16.1.254
- 172.16.3.1/30의 IP 주소 범위
  - 서브넷 주소 = 172.16.3.0
  - 서브넷 브로드캐스트 주소 = 172.16.3.3
  - 첫 번째 호스트의 IP 주소 = 172.16.3.1
  - 마지막 호스트의 IP 주소 = 172.16.3.2

복습

- 0~255 사이의 십진수 3개를 선택하여 8비트의 이진수로 변환하시오
- 서브넷 10비트의 경우 A 클래스의 서브네팅 IP 주소 형식과 호스트 개 수를 구하시오
- 서브넷 5비트의 경우 C클래스의 서브네팅 IP 주소 형식과 호스트 개 수를 구하시오
- 프리픽스 /30의 십진수 서브넷 마스크를 구하시오
- 기본 B 클래스의 십진수 서브넷 마스크를 구하시오
- 서브넷 4비트의 경우 B 클래스의 십진수 서브넷 마스크를 구하시오
- 203.230.157.60/28의 IP 주소 범위와 십진수 서브넷 마스크를 구하시오
- 172.16.32.0/23의 IP 주소 범위와 십진수 서브넷 마스크를 구하시오
- 172.16.32.0/27의 IP 주소 범위와 십진수 서브넷 마스크를 구하시오

2-4 네트워크 액세스 계층

- 네트워크 액세스 계층 개념
- 이더넷(Ethernet) LAN
- 점대점(PPP) WAN
- LAN-WAN-LAN 패킷 전송
- 프레임 릴레이 WAN

네트워크 액세스 계층 개념

- 네트워크 액세스 계층 기능
  - OSI 모형의 2, 1 층에 해당
  - 인접 장비 간에 프레임(Frame) 전송
- 네트워크 액세스 계층 프로토콜
  - Ethernet : 유선 LAN 프로토콜
  - WiFi : 무선랜 프로토콜
  - PPP, Frame Relay : WAN 프로토콜

- 네트워크 액세스 계층 동작
  - IP 패킷을 프레임에 탑재하여 인접장비에 전송

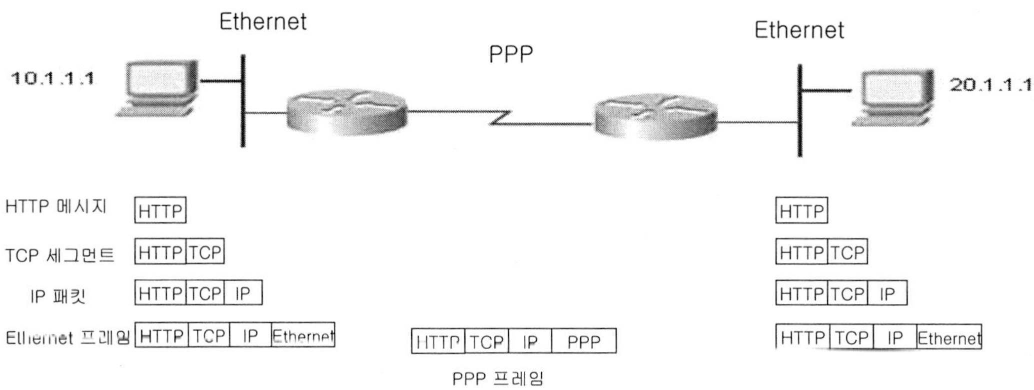

이더넷(Ethernet) LAN

- Ethernet 프레임

Preamble 7	SFD 1	Destination 6	Source 6	Length/ Type 2	Data and Pad 46 – 1500	FCS 4

- Destination: 이더넷 프레임의 목적지 MAC 주소
  - 유니캐스트 MAC 주소
  - 멀티캐스트 MAC 주소 : IP 멀티캐스트(224~239) -> MAC 주소 0010:5eXX:XXXX
  - 브로드캐스트 MAC 주소 : IP 브로드캐스트 -> MAC 주소 FFFF:FFFF:FFFF
- Source : 이더넷 프레임의 송신지 MAC 주소
  - 유니캐스트 주소
- Type/Length : 데이터에 탑재된 네트워크 프로토콜의 유형(예, IP -> 0x0800) 및 길이
- Data : 패킷이 탑재되는 부분(46 ~ 1500 바이트의 크기)
- FCS (Frame Check Sequence) : 1계층의 전송오류를 검사(오류 프레임은 폐기)

- Ethernet LAN의 종류

특성	IEEE 802.3				
	10Base5	10Base2	10BaseT (Ethernet)	100BaseT (Fast Ethernet)	1000BaseT (Giga Ethernet)
Data rate (Mbps)	10	10	10	100	1000
Signaling method	Baseband	Baseband	Baseband	Baseband	Baseband
Maximum Segment length	500	185	100	100	100
Media	50Ω coax (thick)	50Ω coax (thin)	UTP	UTP	UTP
Topology	Bus	Bus	Star	Star	Star

- CSMA/CD 매체접속제어

  – 충돌을 센싱(sensing)하며 적절한 행동을 순서적으로 밟는다.

1. 송신기는 이더넷이 한가해질 때까지 대기
2. 이더넷이 한가해졌을 때 프레임을 전송
3. 충돌이 발생하는지를 확인
4. 충돌이 검출되면 재밍(jamming) 신호를 발생
5. 재밍 단계가 끝나면, 무작위로 타이머를 설정하고 재전송 준비
6. 타이머가 종료되면, 1단계부터 다시 시작

- Switch(100baseT, 1000baseT)

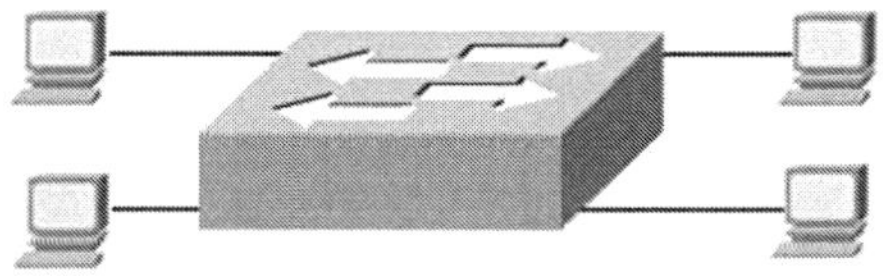

  - Layer2(2계층) 장비
  - 수신한 프레임을 일단 메모리에 저장(충돌 회피) 및 헤더 분석
  - 전이중(Full-duplex) 방식으로 통신
  - 각 PC는 대역폭을 다른 PC와 공유하지 않음

- Straight-Through UTP 케이블

  - 서로 다른 장비 연결

(PC, 라우터) <-> (허브, 스위치)				
PC	번호	색깔	번호	허브
TX+	1	흰색/주황	1	TX+
TX-	2	주황	2	TX-
RX+	3	흰색/녹색	3	RX+
	4	청색	4	
	5	흰색/청색	5	
RX-	6	녹색	6	RX-
	7	흰색/갈색	7	
	8	갈색	8	

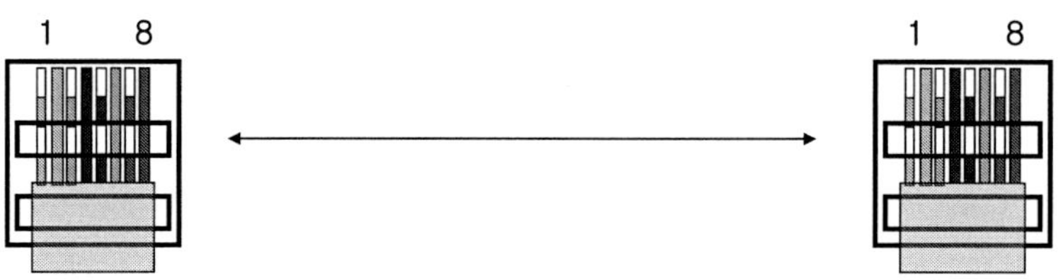

- Crossover UTP 케이블
  - 서로 같은 장비 연결

PC <-> PC, 허브 <-> 허브				
PC	번호		번호	PC
TX+	1		3	RX+
TX-	2		6	RX-
RX+	3		1	TX+
	4		4	
	5		5	
RX-	6		2	TX-
	7		7	
	8		8	

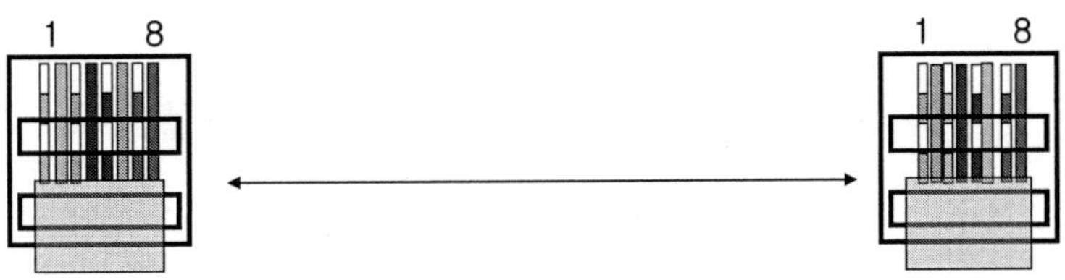

- Rollover 케이블
  - 라우터 혹은 스위치의 콘솔(console) 포트와 PC의 COM 포트(RS-232) 연결
  - 라우터의 IOS, IP 주소, 암호 등 환경설정

- 스위치 - PC UTP 케이블 연결
  - 스위치의 RJ-45 포트와 PC의 LAN 포트 연결
  - 데이터 전송

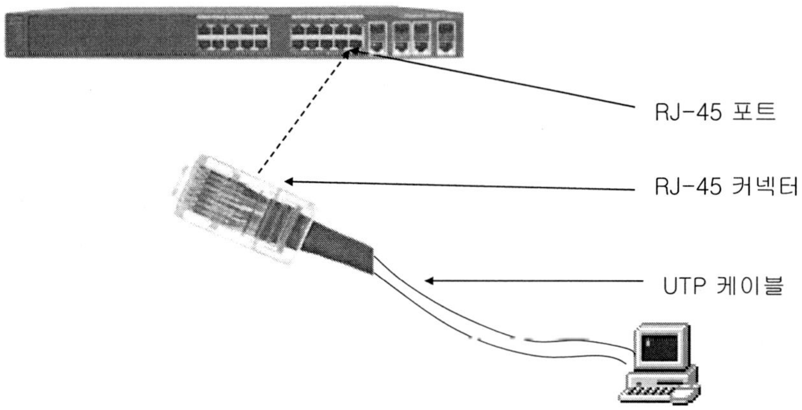

점대점(PPP) WAN

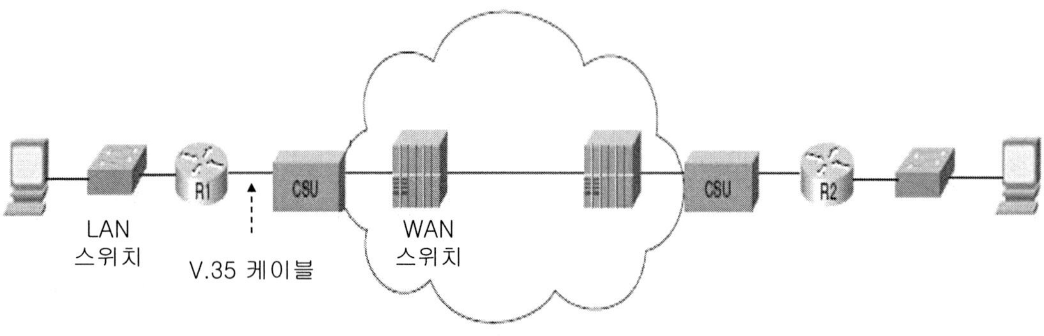

- 점대점 WAN의 1계층 기능
  - 라우터 2대를 점대점(point-to-point) 방식으로 연결
  - 비트(bit)를 신호(signal)로 변환 후 전송
  - 전용회선(leased line), 직렬링크(serial link)로도 불림

- 점대점 WAN 케이블

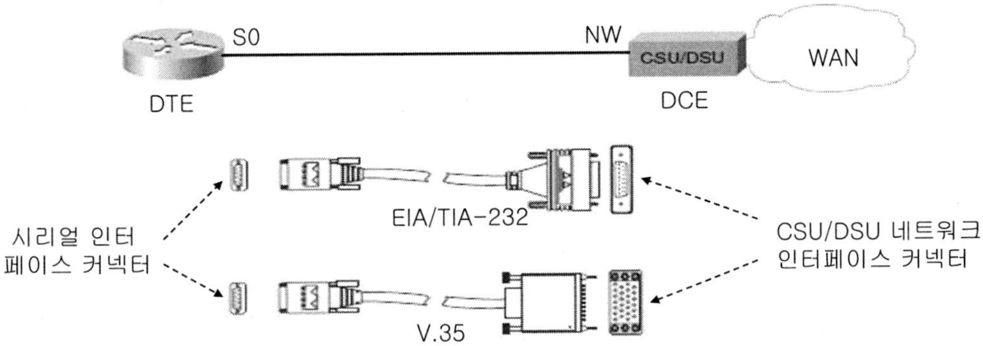

- 라우터의 시리얼 인터페이스(S0)와 CSU/DSU의 네트워크 인터페이스(NW)를 연결
- RS-232, V.35 등의 케이블을 사용
- DTE(Data Terminal Equipments) : 사용자측 데이터 송수신(라우터)
- DCE(Date Communications Equipments) : WAN측 데이터 송수신(CSU/DSU)

- 점대점 WAN 클럭 속도 (clock rate)

  - DTE와 DCE간의 데이터 전송을 동기화
  - DCE가 DTE에 공급
  - DS0(디지털 신호 레벨 0) : 64 kbps
  - DS1 (T1) : 24개의 DS0 = 1.544Mbps
  - DS3 (T3) : 44.745Mbps
  - E1 : 2.048Mbps(32 DS0)

- PPP 프로토콜

Flag	Address	Control	Type	Data	FCS	Flag

  - 플래그(Flag) : 프레임의 시작과 끝을 나타냄(01111110, 0x7e)
  - 타입(Type) : 데이터 부분에 탑재된 네트워크 프로토콜의 유형 표시(IP 패킷, 0x0021)
  - 데이터(Data) : 패킷이 탑재되는 부분

- HDLC 프로토콜
  - PPP 프로토콜과 마찬가지로 점대점 연결에 사용
  - 시스코 장비의 기본 WAN 프로토콜

2-5 기타 TCP/IP 프로토콜

- DNS
- ARP
- DHCP
- ICMP
- Ping

DNS

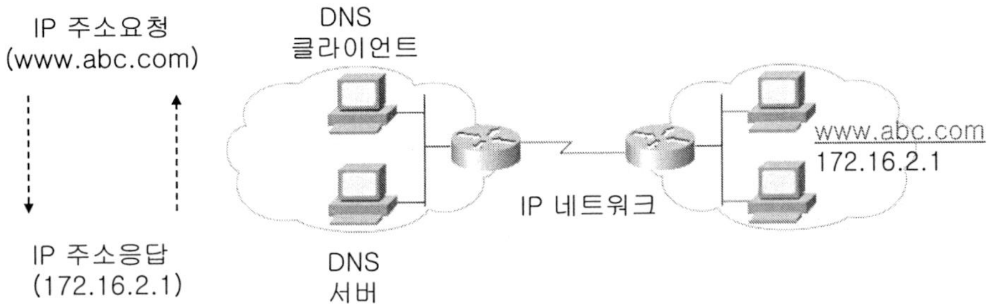

- DNS (Domain Name System) 서비스
  - URL 네임을 IP 주소로 또는 그 반대로 변환
- DNS 요청
  - DNS 클라이언트는 www.abc.com의 IP 주소를 DNS 서버에 요청
- DNS 응답
  - DNS 서버는 www.abc.com의 IP 주소 172,16,2,1를 DNS 클라이언트에 응답

ARP

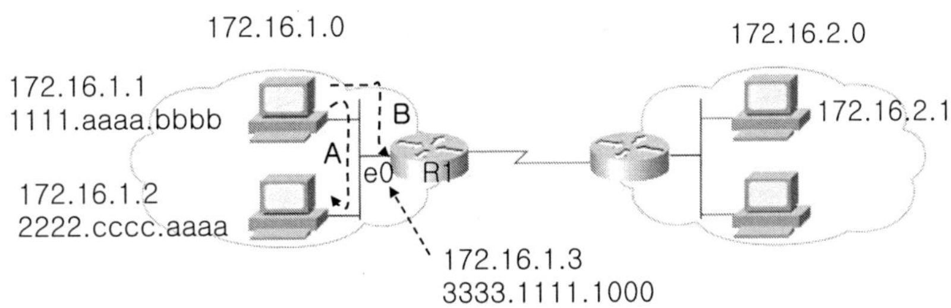

- ARP (Address Resolution Protocol)
  - 3계층 IP 주소를 2계층 MAC 주소로 변환
- 송신지와 목적지가 같은 서브넷에 있는 경우(A): 172.16.1.1 -> 172.16.1.2
  - 송신지(172.16.1.1)는 목적지의 IP 주소 (172.16.1.2)를 서브넷에 방송
  - 목적지는 이 방송을 듣고 자신의 MAC주소(2222.cccc.aaaa)로 응답
- 송신지와 목적지가 서로 다른 서브넷에 있는 경우(B): 172.16.1.1 -> 172.16.2.1
  - 송신지(172.16.1.1)는 기본 게이트웨이의 IP 주소(172.16.1.3)를 서브넷에 방송
  - 기본 게이트웨이는 이 방송을 듣고 자신의 MAC주소(3333.1111.1000)를 응답
- 송신지는 이러한 IP주소-MAC주소 관계를 ARP 캐시의 MAC 테이블에 저장

DHCP

- DHCP (Dynamic Host Configuration Protocol)
  - DHCP 서버가 DHCP 클라이언트에게
  - IP 주소, 서브넷 마스크, 기본 게이트웨이 IP 주소, DNS 서버 IP 주소를 제공

ICMP

- ICMP (Internet Control Message Protocol)
  - IP 네트워크를 제어하고 관리
  - ICMP Echo Request ⇔ ICMP Echo Reply 메시지 교환

Ping

- 네트워크의 연결상태를 시험한다.
- ICMP 프로토콜을 이용한다.
  - 송신지는 ICMP Echo Request 패킷을 목적지로 전송
  - 목적지는 ICMP Echo Reply 패킷을 송신지에 응답
  - 송신지는 ICMP Echo Reply를 받으면 !(성공), 그렇지 않으면 ?(실패)를 표시

2-6 네트워크 보안

- 침입 유형
- 방화벽(Firewalls)
- Anti-X
- 침입탐지 및 예방
- 가상 사설망(VPN)

침입(threats) 유형

- DDoS (Distributed Denial of Service)
  - 분산 서비스 거부 공격(attacks)
- 무선랜 (wireless LAN)의 접속을 통한 공격
- 감염된 이동 노트북에 의한 공격
- 불평불만을 가진 피고용인에 의한 공격

방화벽 (Firewalls)

- 허용된 트래픽과 그렇지 않은 트래픽을 구별
- IP 주소, TCP/UDP 포트번호를 조사
- 어플리케이션 계층의 헤더를 조사
- LAN과 인터넷 사이에 위치
- 비무장지대(Demilitarized zone, DMZ)
  - 메일서버 등을 이곳에 두어 인터넷 접속 허용

Anti-x

- PC에 적용되는 앤티바이러스(anti-virus) 소프트웨어
- Anti-virus: 바이러스 표식에 근거하여 알려진 바이러스를 차단
- Anti-sypware: 스파이웨어 프로그램을 차단
- Anti-spam: 이메일을 조사
- Anti-phishing: URL을 조사.

가상 사설망

- VPN (Virtual Private Networks)
  - 종단 시스템을 인증(authentication)
  - 패킷을 암호화(encryption)

침입탐지 및 예방

- 침입탐지시스템
  - IDS(Intrusion Detection System) : 포트를 모니터링
- 침입예방시스템
  - IPS(Intrusion Prevention System)
  - 복잡한 유형의 공격에 대처
  - 메시지의 특별한 패턴을 조사
  - 패킷의 콘텐츠를 이미 알려진 공격 표식과 비교

2 부 네트워크 장비 기초

3장 Switch
4장 Router

3장

Switch

3-1 LAN 스위치

- 스위치 MAC 주소
- 스위치 기술

스위치 MAC 주소

- 유니캐스트(unicast) MAC 주소
  - 하나의 목적지만을 지정하는 주소
- 브로드캐스트(broadcast) MAC 주소
  - 송신지 자신을 제외한 LAN 상의 호스트 전체를 지정하는 주소
  - FFFF.FFFF.FFFF
- 멀티캐스트(Multicast) MAC 주소
  - 특정 호스트 그룹을 지정하는 주소
  - 그룹은 유동적으로 구성 가능

스위치 기술

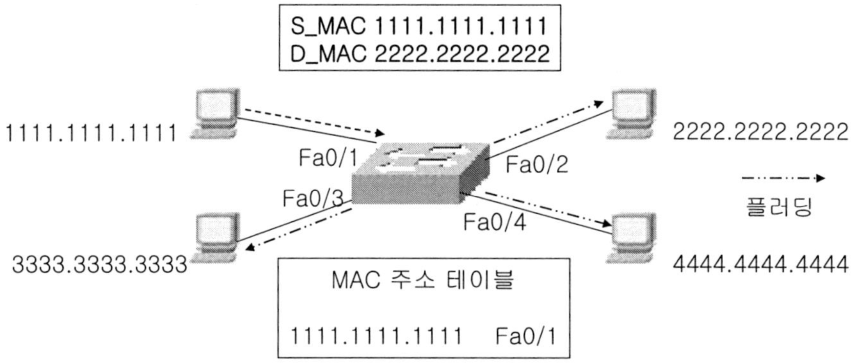

- MAC 주소 학습
  - 인터페이스로 들어오는 프레임의 송신지 MAC 주소(S_MAC)를 조사
  - 송신지 MAC 주소가 MAC 주소 테이블에 없으면 인터페이스와 함께 새 엔트리에 등록
- 플러딩 (Flooding)
  - 모르는 유니캐스트 프레임 (목적지 MAC 주소가 MAC 주소 테이블에 없는 경우)은 들어온 인터페이스를 제외한 나머지 모든 인터페이스로 포워드
  - 브로드캐스트 프레임도 플러드

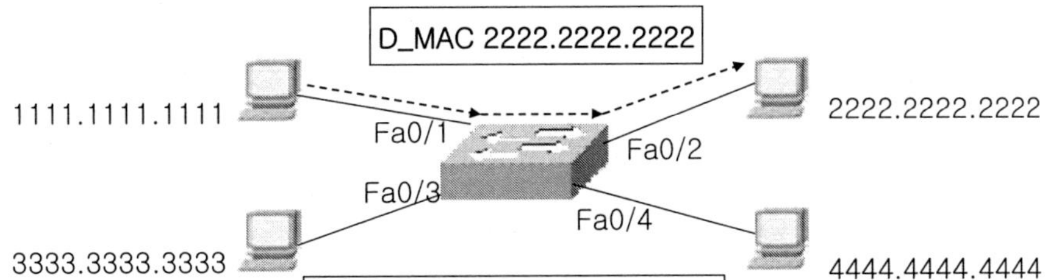

MAC 주소	인터페이스
1111.1111.1111	Fa0/1
2222.2222.2222	**Fa0/2**
3333.3333.3333	Fa0/3
4444.4444.4444	Fa0/4

MAC 주소 테이블

- 포워드 대 필터 결정
  - 프레임의 목적지 MAC 주소(D_MAC)를 MAC 주소 테이블과 비교
  - 목적지 MAC 주소가 2222.2222.2222인 프레임이 Fa0/1 인터페이스에 도착
  - MAC 주소 테이블과 비교하여 Fa0/2 인터페이스로 포워드(전송)
  - Fa0/3, Fa0/4 인터페이스로는 필터(비전송)

3-2 LAN 스위치 설정

- 스위치 인터페이스
- 스위치 LED 상태
- 스위치 IP 주소 설정
- 스위치 인터페이스 설정
- 스위치 포트 보안

스위치 인터페이스

- 좌측 판넬 인터페이스
  - 패스트 이더넷 인터페이스
  - PC들을 연결
- 우측 판넬 인터페이스
  - 타 스위치(코어 스위치)에 연결

스위치 LED 상태

LED 표시	설명
SYST	시스템 전체의 상태를 표시
RPS	여분의 전원공급 상태 표시
STAT	포트의 상태를 표시
DUPLX	포트의 통신방식을 표시(on/green 전이중, off 반이중)
SPEED	포트의 속도를 표시(Off 10Mbps, solid green 100Mbps, flashing green은 1Gbps를 표시)

- SYST
  - Off: 전원 꺼져있음
  - On(green): IOS 정상작동
  - On(amber): POST(Power-on Self Test) 실패, IOS 로드 실패
- STAT
  - Off: 링크 비정상
  - Solid green: 링크는 작동되고 있으나, 데이터의 송수신 없음
  - Flashing green: 링크가 작동 중이고, 데이터의 송수신 있음
  - Flashing amber: 관리자가 해당 인터페이스를 다운시킴

스위치 IP 주소 설정

```
Switch(config)#interface vlan 1
Switch(config-if)#ip address 192.168.1.1 255.255.255.0
Switch(config-if)#no shutdown
Switch(config-if)#exit
Switch(config)#ip default-gateway 192.168.1.254
Switch#write
```

- 스위치의 IP 주소 설정
  - VLAN1 인터페이스에 설정
  - IP 주소, 서브넷 마스크, 기본 게이트웨이 IP 주소를 설정

스위치 인터페이스 설정

```
Switch(config)#interface fastethernet0/1
Switch(config-if)#duplex full
Switch(config-if)#speed 100
```

- 인터페이스는 스위치의 물리적 포트
- 인터페이스 별로 설정을 달리할 수 있음
- 인터페이스 서브명령을 사용
  - Duplex: 반이중, 전이중 등의 통신방식을 설정
  - Speed: 인터페이스의 속도를 설정

스위치 포트 보안 (Port Security)

- 허가된 PC의 MAC 주소로부터 나오는 프레임 만을 허용
- Switch(config-if)#switchport port-security
  - 포트 보안(port security)을 활성화
- Switch(config-if)#switchport port-security maximum *number*
  - 해당 인터페이스에 허용될 MAC 주소의 최대 개수를 설정
- Switch(config-if)#switchport port-security violation {protect | restrict | shutdown}
  - 지정된 MAC 주소 이외의 주소로부터 수신한 프레임을 처리하기 위한 방법
  - Protect: 위반한 트래픽은 폐기
  - Restrict: 위반한 트래픽을 버리고, SNMP 메시지를 전송
  - Shutdown: 위반한 트래픽을 버리고, SNMP 메시지를 보내고,
  - 해당 인터페이스를 비활성화하고 모든 트래픽을 폐기
- Switch(config-if)#switchport port-security mac-address *mac-address*
  - 해당 인터페이스에 프레임을 보내도록 허락할 PC의 MAC 주소를 지정
- Switch(config-if)#switchport port-security mac-address *sticky*
  - 현재 연결되어 있는 PC의 MAC 주소를 자동으로 찾아서
  - 허락할 PC의 MAC 주소로 지정

3-3 LAN 스위치 관리

- 인터페이스 상태 코드
- 인터페이스 속도 및 듀플렉스 모드
- MAC 주소 테이블 확인

인터페이스 상태 코드

라인 상태 (Line Status)	프로토콜 상태 (Protocol Status)	인터페이스 상태 (Interface Status)	근본 원인
Administratively Down	Down	disabled	Shutdown 명령
Down	Down	notconnect	케이블 문제, 두 장비의 속도설정 차이문제, 한쪽의 전원이 꺼져있는 경우, 한쪽의 인터페이스에 shutdown 명령이 내려져 있는 경우
Down	Down (err-disabled)	Err-disabled	포트 보안이 비활성화 되어 있는 경우
Up	Up	connect	인터페이스 정상

- switch#show interfaces *interface*
  - 두 개의 코드를 사용해서 상태를 표시
  - 라인 상태 (1계층) 코드, 프로토콜 상태 (2계층) 코드
  - up/up, down/down.
- switch#show interfaces status
  - 한 개의 코드로 상태를 표시
  - 인터페이스 상태 (interface status) 코드
  - "connect", "notconnect"

인터페이스 속도 및 듀플렉스 모드

- switch#show interfaces status
  - a-full: 자동협상(autonegotiated)에 의해 전이중(full duplex) 모드로 설정됨
  - a-100: 자동협상(autonegotiated)에 의해 100Mbps 속도로 설정됨
- 속도가 주어지지 않으면, 기본적으로 10Mbps, 반이중(half duplex)을 사용
- 속도가 10 또는 100Mbps로 주어지면, 기본적으로 반이중을 사용
- 속도가 1000Mbps로 주어지면, 기본적으로 전이중을 사용

MAC 주소 테이블 확인

- switch#show mac address-table
  - 스태틱 오버헤드, 수동적으로 설정된 MAC 주소,
  - 자동적으로 알게 된 MAC 주소를 표시
- switch#show mac address-table dynamic
  - 자동적으로 알게 된 MAC 주소만을 표시
- Type = Static, Ports = CPU
  - CDP 혹은 STP 등의 오버헤드 프레임을 나타냄
  - 여기에 해당하는 MAC 주소는 CPU로 전송
- Type = Static, Ports = Fa0/3
  - 사용자가 수동적으로 MAC 주소를 설정함을 나타냄
  - 여기에 해당하는 MAC 주소는 지정된 포트(Fa0/3)로 전송
- Type = Dynamic, Ports = Gi0/1
  - 자동적으로 MAC 주소를 알았음을 나타냄
  - 여기에 해당하는 MAC 주소는 지정된 포트(Gi0/1)로 전송

LAN 구축 실습

< 기본지식 >

❖ 서로 다른 LAN 장비의 연결
- Copper Straight-through 케이블을 사용한다.
- 예) PC - Switch

❖ 스위치의 호스트네임 설정
- switch(config)#hostname [호스트네임]
- 예) switch(config)#hostname sw0

❖ 설정내용을 저장
- switch#write
- switch#copy running-config start-config
- DRAM에 저장된 설정내용을 NVRAM에 저장한다.

❖ MAC 주소 테이블 확인
- switch#show mac-address-table

< LAN 네트워크 구성 절차 >

1. 장비 선택 및 연결
2. PC의 IP 주소 설정
3. 스위치의 MAC 주소 테이블 및 PC의 MAC 주소 확인
4. PC 간 ping 시험
5. PDU 전송 시뮬레이션

< LAN 네트워크 구성 토폴로지 >

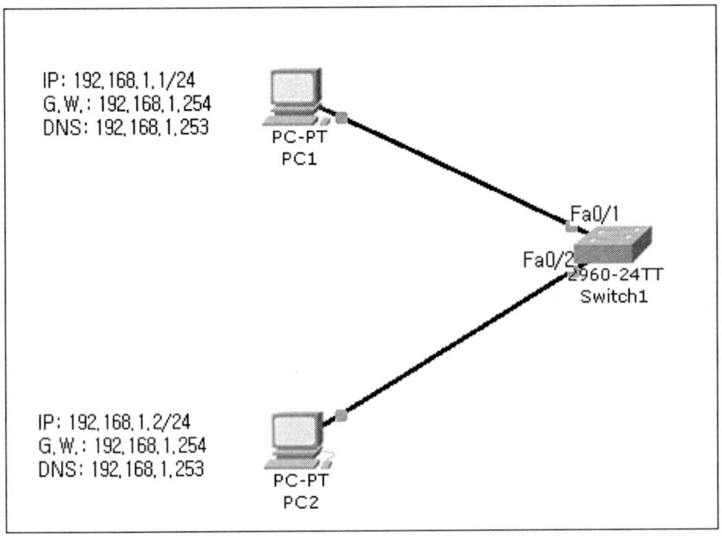

< LAN 네트워크 구성 실습 >

1. 스위치와 두 대의 컴퓨터를 배치하고 연결한다.
1. Switch1의 Fa0/0와 PC1의 Fast Ethernet을 Copper Straight-through로 연결한다.
1. Switch1의 Fa0/1과 PC2의 Fast Ethernet을 Copper Straight-through로 연결한다.

2. PC1의 IP 주소 설정
2. PC1을 클릭하고 Config 탭을 선택한다.
2. Global settings 부분의 Gateway/DNS를 설정한다.
2. Gateway의 IP 주소를 192.168.1.254로 설정한다.
2. DNS Server의 IP 주소를 192.168.1.253으로 설정한다.
2. INTERFACE FastEthernet 부분의 IP Configuration을 설정한다.
2. PC1의 IP Address를 192.168.1.1로 설정한다.
2. Subnet Mask를 255.255.255.0으로 설정한다.

2. PC2의 IP 주소 설정
2. PC1과 마찬가지의 방법으로 반복한다. 다만 IP Address를 192.168.1.2로 설정한다.

3. Switch1의 MAC 주소 테이블 확인(전체 테이블을 보려면 약간의 시간이 필요)
3. Switch1#show mac-address-table

```
Switch>en
Switch#conf t
Enter configuration commands, one per line.  End with CNTL/Z.
Switch(config)#hostname Switch1
Switch1(config)#exit
Switch1#show mac-address-table
          Mac Address Table
-------------------------------------------

Vlan    Mac Address       Type        Ports
----    -----------       --------    -----

   1    000c.855d.c193    DYNAMIC     Fa0/1
   1    00d0.bac2.d576    DYNAMIC     Fa0/2
```

3. PC1과 PC2의 MAC 주소 확인

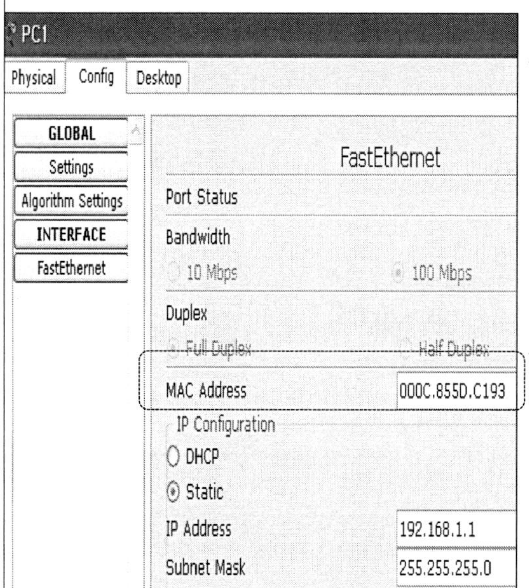

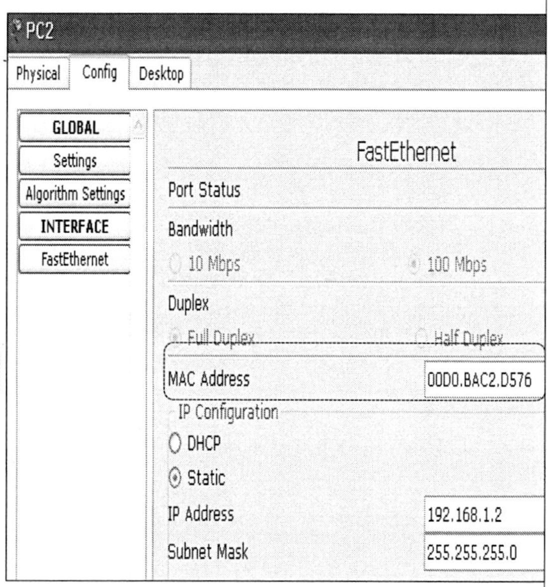

4. PC1에서 PC2로 ping 시험
4. PC1을 클릭하고 Desktop 탭을 선택한다.
4. 메뉴 중에서 Command Prompt를 선택한다.
4. PC1>ping 192.168.1.2 명령을 실행한다.

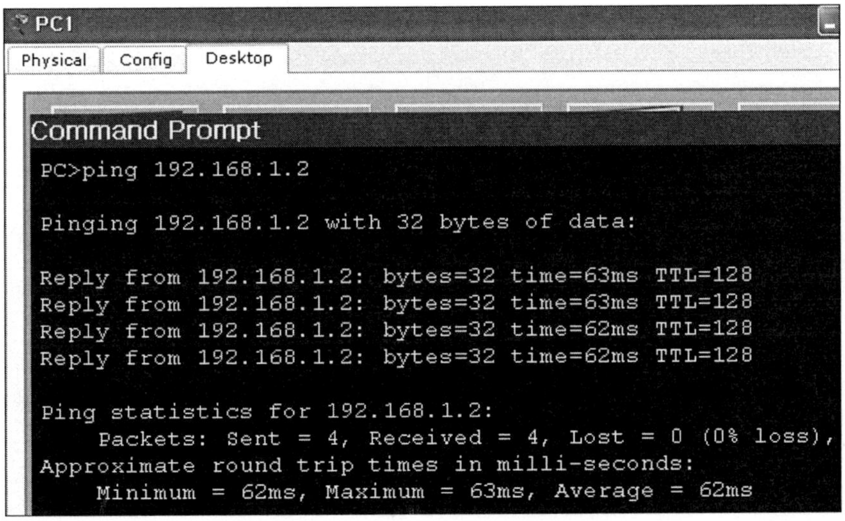

5. 시뮬레이션 모드에서 PC1과 PC2 간의 PDU 전송을 확인한다.
5. 우측 하단부에서 Simulation Mode로 이동한다(Event List가 뜨면 닫는다).
5. 우측 아이콘 중에서 Add Simple PDU를 선택한다.
5. PC1, PC2를 차례로 선택한다.
5. PLAY CONTROLS 중에서 Capture/Forward(수동모드)를 선택하여 진행한다.
5. Last Status에서 Successful을 확인한다.

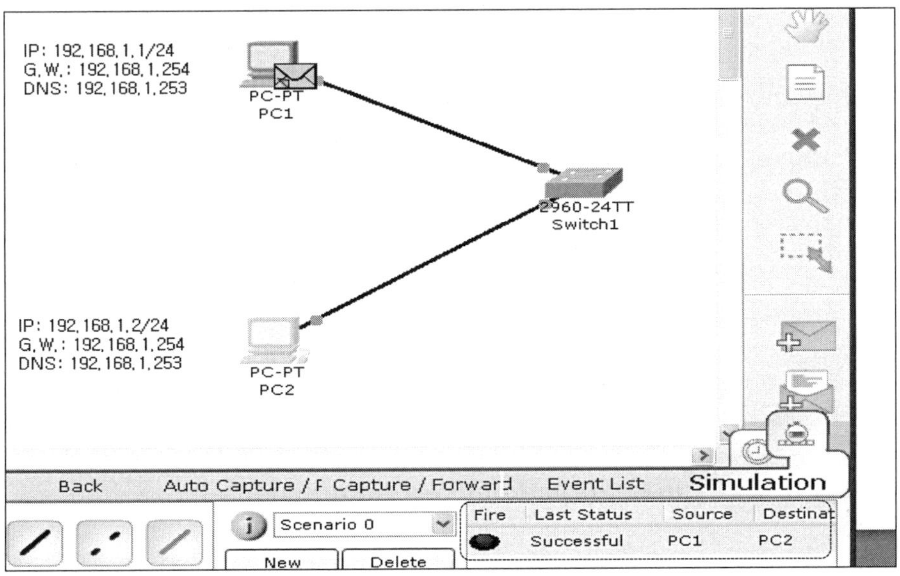

4장

Router

4-1 라우터 동작 모드

- 라우터 구성 모듈
- 사용자 및 관리자 모드
- 구성 모드
- 서브 모드

라우터 구성 모듈

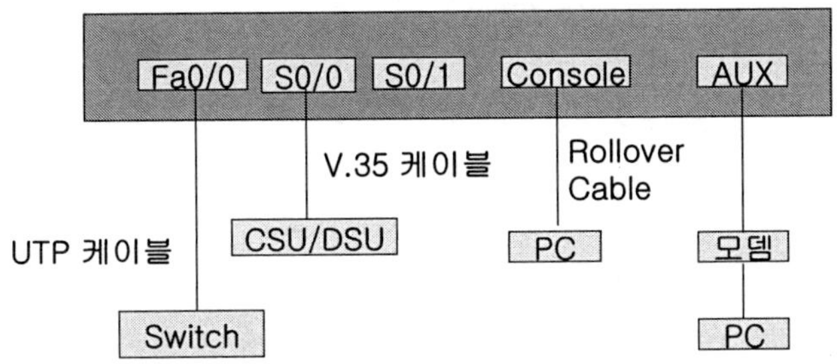

- Fa0/0(Fast Ethernet Interface) 인터페이스
  - 스위치를 연결하여 LAN 데이터 통신 지원
- S0/0, S0/1(Serial Interface) 인터페이스
  - CSU/DSU를 연결하여 WAN 데이터 통신 지원
- Console(Console Line) 포트
  - 관리자가 PC를 직접 연결하여 라우터를 설정
- AUX(Auxiliary Line) 포트
  - 관리자가 PC를 모뎀을 통해 원격 접속하여 라우터 설정

사용자 및 관리자 모드

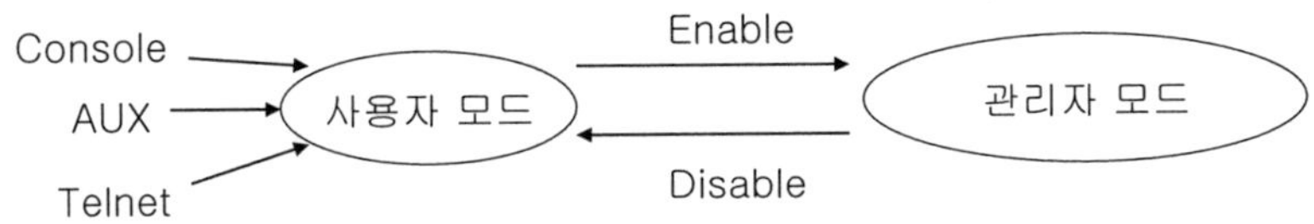

- 사용자 모드(User Mode)
  - Router>
  - Console, AUX, Telnet 등의 CLI 접속 후 첫 번째 모드
  - 명령어 : enable, show 등
- 관리자 모드(Privileged Mode)
  - Router#
  - 설정 파일 저장/삭제 등의 기능 수행
  - 명령어 : disable, show, config, write 등

설정 모드

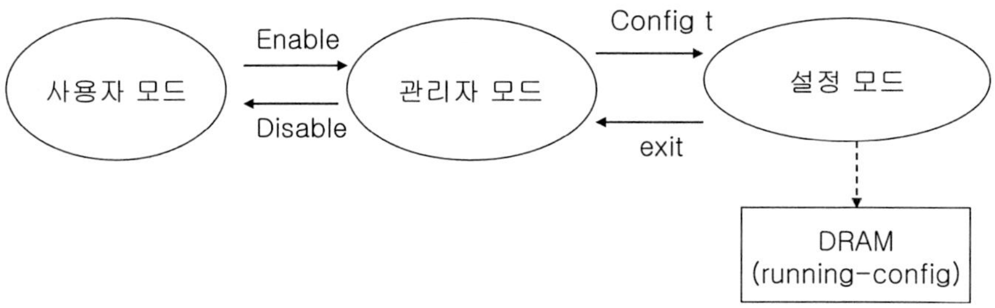

- 설정 모드 (Configuration Mode)
  - Router(config)#
  - 호트명 변경, 암호 설정 등의 기능 수행
  - 관리자 모드에서만 진입 가능
  - 설정 명령은 DRAM에 있는 실행파일(running config)에 즉각 반영
  - 명령어 : hostname, interface, line, router 등

서브 모드 (Submode)

서브모드 유형	모드에 진입하기 위한 명령	프롬프트(prompt)
라인 모드	Router(config)#line console 0 Router(config)#line vty 0 4	Router(config-line)#
인터페이스 모드	Router(config)#interface e0 Router(config)#int s0	Router(config-if)#

- 라인 서브모드
  - Router(config-line)#
  - Console, AUX, Telnet 등의 CLI 설정
  - 명령어 : login, password, transport
- 인터페이스 서브모드
  - Router(config-if)#
  - Fast Ethernet, Serial 등의 인터페이스 설정
  - 명령 : ip, shutdown, bandwidth 등
- Exit
  - 서브모드에서 설정모드로 회귀

모드 전환 예제

```
Router>enable
Router#config t
Router(config)#int fa0/0
Router(config-int)#exit
Router(config)#
Router(config)#int s0/0
Router(config-if)#exit
Router(config)#
Router(config)#line console 0
Router(config-line)#exit
Router(config)#
Router(config)#line vty 0 4
Router(config-line)#Ctrl + z
Router#disable
Router>
```

4-2 라우터 설정

- CLI 접속
- 관리자 보안 설정
- 인터페이스 설정
- 인터페이스 상태 확인

CLI 접속

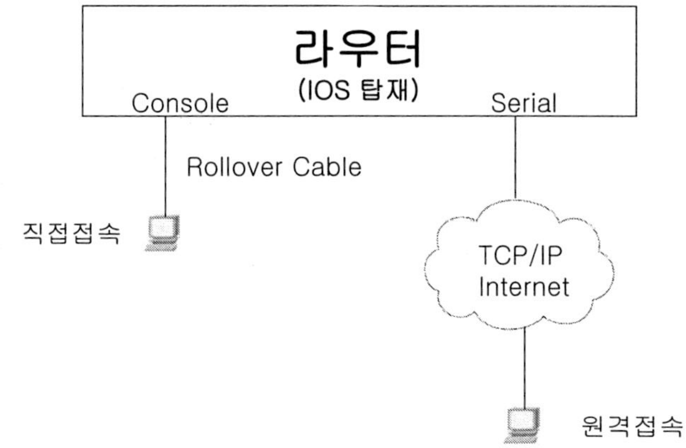

- IOS(Internetworking Operating System)
  - 씨스코 사의 네트워크 장비 운영 체제
- CLI (Command-line interface) 접속
  - 엔지니어가 콘솔(console) 라인 또는 시리얼 인터페이스를 통해 접속
  - 텍스트 형식의 명령을 한 줄씩 입력
  - 보안, IP 주소, 라우팅 프로토콜 등의 네트워크 환경 설정 및 확인

- Console 접속
  - PC의 COM 포트와 라우터의 Console 포트를 rollover 케이블로 직접 연결
  - PC에서는 터미널 에뮬레이터 사용(하이퍼터미널)
  - 속도 9600 bps, 흐름제어 없음, 데이터 비트 8 , 패리티 비트 없음, 정지 비트 1

- Telnet 접속
  - 인터넷 (TCP/IP)을 통해 원격에서 접속
  - PC에서는 텔넷 클라이언트 프로그램을 사용
  - 라우터는 텔넷 서버로 동작
  - 데이터를 단순 텍스트로 전송

- SSH 접속
  - 기본적인 동작은 텔넷과 유사
  - 데이터를 암호화하여 전송

- CLI 접속 보안 설정
  - login과 password 명령을 사용
  - CLI에 접속을 시도하는 사용자를 인증

```
Router(config)#line console 0
Router(config-line)#password con_pass
Router(config-line)#login

Router(config)#line vty 0 4
Router(config-line)#password vty_pass
Router(config-line)#login
```

- 패스워드 암호화
  - Router(config)#service password-encryption
  - 모든 패스워드를 즉각적으로 암호화

관리자 보안 설정

- 관리자 모드(enable mode)에 진입 시도하는 사용자를 인증
- enable password
  - Router(config)#enable password *암호*
  - enable 암호를 단순 텍스트 포맷으로 저장
- enable secret
  - Router(config)#enable secret *암호*
  - enable 암호를 암호화하여 저장

```
Router(config)#enable password en_pass1
Router(config)#enable secret en_pass2
```

- 두 명령이 동시에 사용된 경우 enable secret 명령이 우선권을 가짐

Router 환경설정 실습

< 기본지식 >

❖ 설정 모드
- 사용자 모드: Router>
- 관리자 모드: Router#
- 글로벌 설정 모드: Router(config)#
- 서브 인터페이스 설정 모드: Router(config-if)#
- 서브 라인 설정 모드 : Route(config-line)#

❖ 보안 실징
- CLI 접속 암호 설정: password, login
- 관리자 암호 설정: enable password, enable secret

< 네트워크 구성절차 >

1. 네트워크 구성
2. 설정모드 전환
3. CLI 접속 암호 설정
4. 관리자 암호 설정

< Router 관리 토폴로지 >

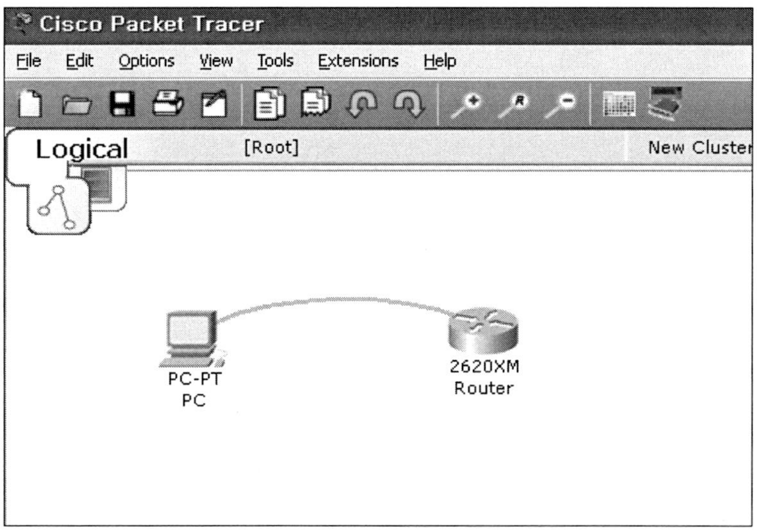

< Router 환경설정 실습 >

1 단계 네트워크 구성
1-1. 라우터 2620을 선택하여 작업창에 배치한다.
1-2. 라우터를 선택하여 설정 창을 열고 라우터의 전원을 끈다.
1-3. WIC-2T 시리얼 모듈을 W0에 끌어서 놓는다.
1-4. 라우터의 전원을 켜고 설정 창을 닫는다.
1-5. PC-PT를 선택하여 라우터 좌측에 배치한다.
1-6. 콘솔 케이블을 선택하여 PC의 RS 232 포트와 Router의 Console 포트를 연결한다.

2 단계 설정모드 전환
2-1. PC를 클릭하고 CLI 탭을 선택한다.
2-2. Continue with configuration dialog? [yes/no] : no
2-3. Router>en
2-4. Router#conf t
2-5. Router(config)#int s0/0
2-6. Router(config-if)#exit
2-7. Router0(config)#line console 0
2-8. Router0(config-line)#exit
2-9. Router(config)#int fa0/0
2-10. Router(config-if)#exit
2-11. Router(config)#line vty 0
2-12. Router(config-line)#
2-13. Router(config-if)#CTRL + Z
2-14. Router#

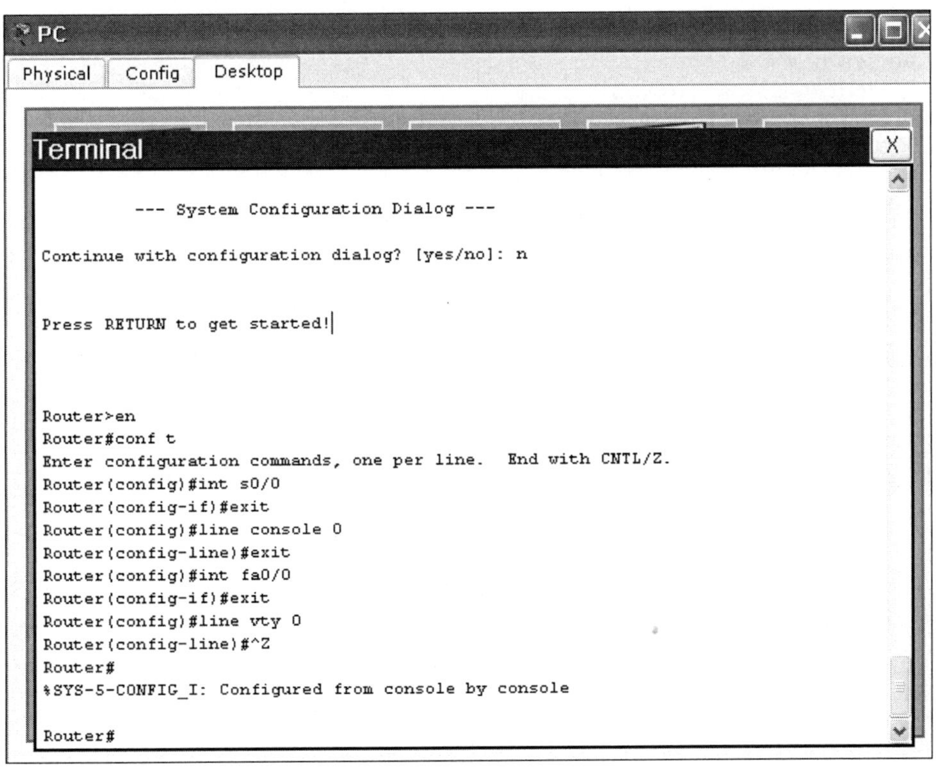

3 단계 CLI 접속 암호 설정

3-1. Router#conf t
3-2. Router(config)#line console 0
3-3. Router(config-line)#password con_pass
3-4. Router(config-line)#login
3-5. Router(config-line)#exit
3-6. Router(config)#line vty 0 4
3-7. Router(config-line)#password vty_pass
3-8. Router(config-line)#login
3-9. Router(config-if)#CTRL + Z
3-10. Router#sh run

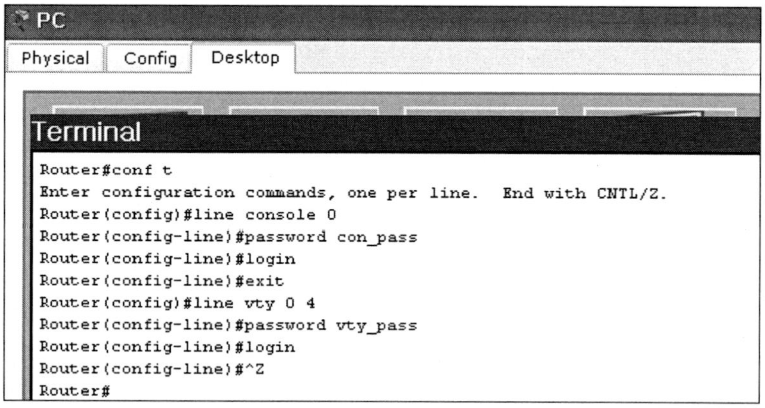

4 단계 관리자 암호 설정
4-1. Router#conf t
4-2. Router(config)#enable password pass1
4-3. Router(config)#enable secret pass2
4-4. Router(config-if)#CTRL + Z
4-5. Router#sh run
4-6. Router#disable
4-7. Router>en
Password:pass2
4-8. Router#

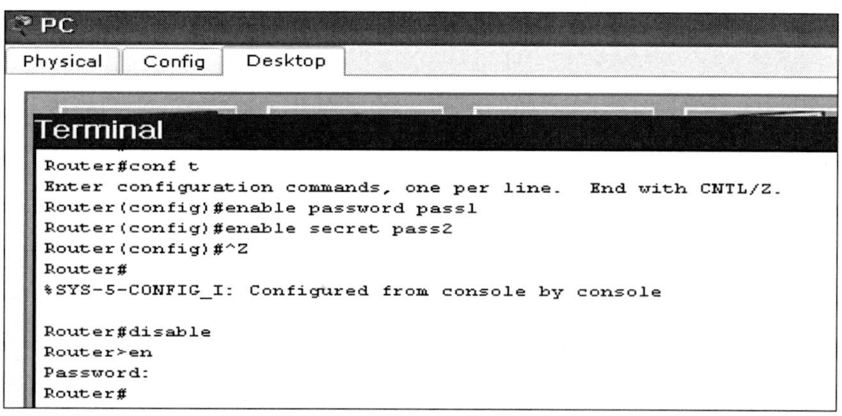

인터페이스 설정

- 인터페이스의 IP 주소 설정
  - Router(config-if)#ip address *IP주소 서브넷마스크*
- 시리얼 인터페이스의 클럭 속도 설정
  - Router(config-if)#clock rate *속도*
  - bps 단위로 링크 속도를 설정
  - DCE로 동작하는 라우터의 시리얼 인터페이스에만 설정
- 시리얼 인터페이스의 대역폭 설정
  - bandwidth *대역폭*
  - kbps 단위로 링크 속도를 설정
- 인터페이스 활성화 또는 비활성화
  - Router(config-if)#no shutdown
  - Router(config-if)#shutdown

```
Router(config)#int s0/0
Router(config-if)#ip add 192.168.10.1 255.255.255.0
Router(config-if)#clock rate 64000
Router(config-if)#bandwidth 64
Router(config-if)#no shutdown
```

- 시리얼 케이블 종류 확인
  - Router#show controller serial 0

인터페이스 상태 확인

- Router#show interface *type number*
  - Router#sh int s0
  - Router#sh int e0
- 라인 상태 (Line status)
  - 1계층의 상태를 표시
  - administratively down : 관리자가 해당 인터페이스에서 shutdown 명령 실행
  - down : 케이블 비연결, 전원 꺼짐 등
- 프로토콜 상태 (Protocol status)
  - 2계층의 상태를 표시
  - down : 라인상태 다운, 양단의 프로토콜 설정 불일치 등

라인 상태 / 프로토콜 상태	원인
administratively down / down	Shutdown 명령 실행
down / down	물리계층 문제 - 케이블 비연결, 전원이 off 등
up / down	데이터계층 문제 - 프로토콜 불일치(PPP - HDLC)
up / up	정상

라우터 인터페이스 설정 실습

< 기본지식 >

❖ 라우터 시리얼 인터페이스의 IP 주소 설정
- Router(config-if)#ip address IP주소 서브넷마스크

❖ 라우터 시리얼 인터페이스의 클럭 속도 설정
- DCE 역할의 라우터에만 Clock Rate 설정
- Router(config-if)#clock rate 64000

❖ 라우터 시리얼 인터페이스 활성화
- Router(config-if)#no shutdown

< 네트워크 구성절차 >

1. 라우터 선택, 시리얼 모듈 추가, 라우터 연결
2. IP 주소 설정, 클럭 속도 설정, 활성화
3. 라우터 간 Ping 시험

< 라우터 인터페이스 연결 토폴로지 >

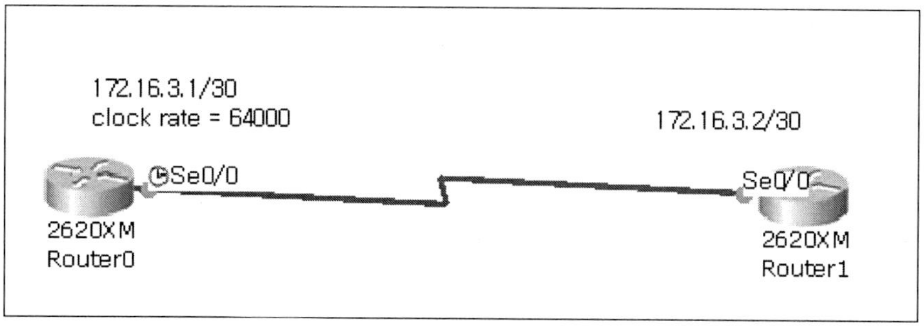

< 라우터 인터페이스 설정 실습 >

1. 라우터 2620을 선택하여 작업창에 배치한다.
1. 라우터를 선택하여 설정 창을 열고 라우터의 전원을 끈다.
1. WIC-2T 시리얼 모듈을 W0에 끌어서 놓는다.
1. 라우터의 전원을 켜고 설정 창을 닫는다.
1. 위의 과정을 반복하여 라우터 2620을 한 대 추가한다.
1. 라우터 위에 마우스를 가져가면 FastEthernet0/0, Serial0/0, Serial0/1 인터페이스 표시

2. Router0와 Router1의 각 Serial0/0를 Serial DCE 혹은 Serial DTE 케이블로 연결한다.
2. 마우스를 케이블 위에 가져가면 DCE 역할 라우터에 시계모양이 나타난다.
2. 추후 DCE 역할 Router0의 Serial0/0 인터페이스에는 Clock Rate을 설정한다.
2. Router0를 클릭하고 CLI 탭을 선택한다.
2. Continue with configuration dialog? [yes/no] : no
2. Router>en
2. Router#conf t
2. Router(config)#hostname Router0
2. Router0(config)#int s0/0
2. Router0(config-if)#ip add 172.16.3.1 255.255.255.252
2. Router0(config-if)#clock rate 64000
2. Router0(config-if)#no shutdown
2. Router0(config-if)#CTRL + Z
2. Router0#wr

Router0#show run

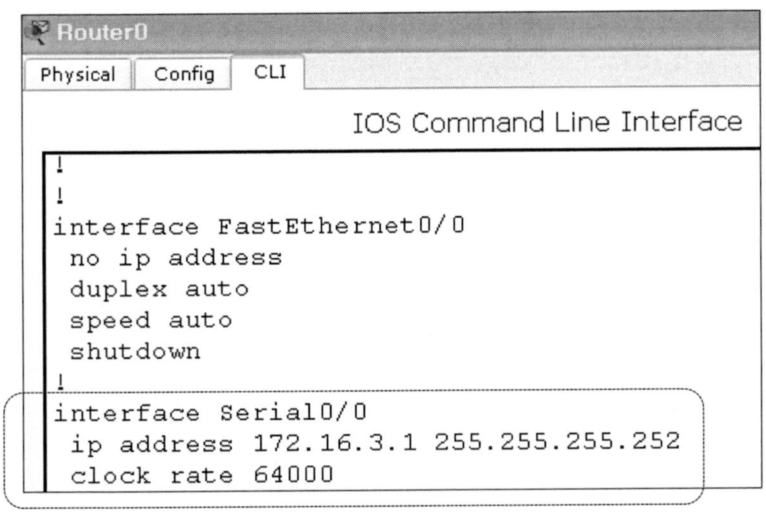

2. Router1을 클릭하고 CLI 탭을 선택한다.
2. Continue with configuration dialog? [yes/no] : no
2. Router>en
2. Router#conf t
2. Router#hostname Router1
2. Router1(config)#int s0/0
2. Router1(config-if)#ip add 172.16.3.2 255.255.255.252
2. Router1(config-if)#no shutdown
2. Router1(config-if)#CTRL + Z
2. Router1#wr
2. Router1#show run

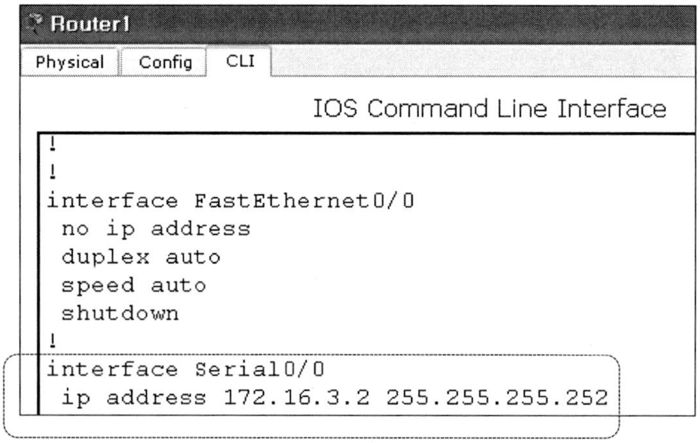

3. Router0에서 Router1으로 ping 시험
3. Router0#ping 172.16.3.2 명령을 실행한다.
3. !!!!!, Success rate is 100 percent를 확인한다.

```
Router0#ping 172.16.3.2

Type escape sequence to abort.
Sending 5, 100-byte ICMP Echos to 172.16.3.2, timeout is 2 seconds:
!!!!!
Success rate is 100 percent (5/5), round-trip min/avg/max = 31/34/47 ms
```

4-3 라우터 관리

- 라우터 메모리
- IOS 부팅
- 설정 파일 관리
- 라우터 설정 확인

라우터 메모리

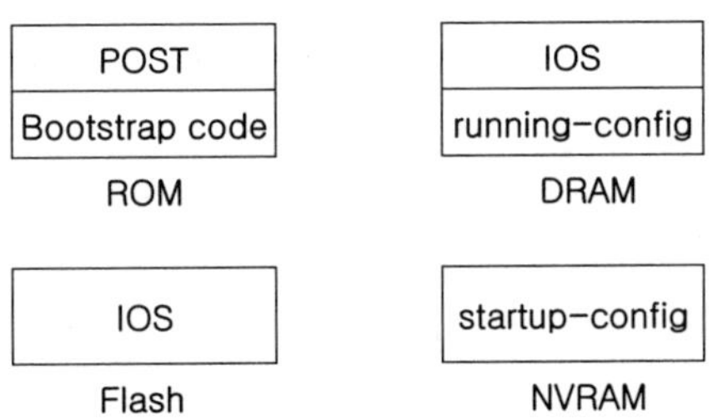

- ROM (Read-Only Memory)
  - POST(Power-On Self Test) 코드와 부트스트랩 코드를 저장
- DRAM (Dynamic Random-Access Memory)
  - 실행중인 IOS 이미지와 실행중인 설정파일(running-config)을 저장
- Flash
  - 라우터 운영체제인 IOS 이미지를 저장
- NVRAM (Nonvolatile RAM)
  - 스타트업 설정파일(startup-config)을 저장

IOS 부팅

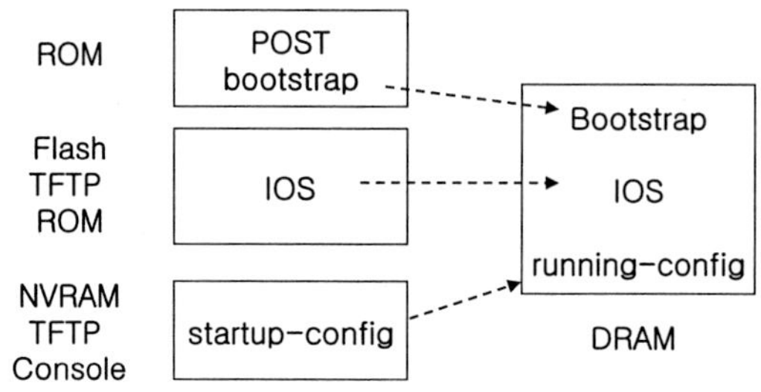

1. POST를 수행하여 하드웨어를 탐색하고 적절히 동작하는지 확인
2. bootstrap 프로그램을 ROM으로부터 RAM으로 복사하고 실행
3. IOS 이미지를 Flash, TFTP, ROM 순서로 탐색하여 DRAM에 탑재
4. startup-config 설정파일을 NVRAM, TFTP, Console 순서로 탐색하여 DRAM에 탑재

설정 파일 관리

- Router#copy running-config startup-config
  - DRAM의 running-config 파일을 NVRAM의 startup-config 파일에 저장
  - 현재 설정한 내용을 추후 지속적인 사용을 위해 백업
  - Router#write 명령도 같은 기능을 수행
- Router#copy startup-config running-config
  - NVRAM의 startup-config 파일을 DRAM의 running-config 파일에 탑재
  - 현재 설정한 내용에 문제가 있어서 원본으로 복구하고자 하는 경우

라우터 설정 확인

- router#show version
  - IOS 버전, 인터페이스 개수/유형, 메모리 크기, 설정 레지스터 값 등을 확인

```
Router#show version
Cisco Internetwork Operating System Software
IOS (tm) 2500 Software (C2500-I-L), Version 12.1(2), RELEASE SOFTWARE (fc1)
Copyright (c) 1986-2000 by cisco Systems, Inc.
Compiled Mon 24-Jan-00 21:46 by bettyl
Image text-base: 0x0303DF2C, data-base: 0x00001000

ROM: System Bootstrap, Version 11.0(10c), SOFTWARE
BOOTFLASH: 3000 Bootstrap Software (IGS-BOOT-R), Version 11.0(10c), RELEASE SOFTWARE (fc1)

netch uptime is 55 minutes
System restarted by reload
System image file is "flash:c2500-is-l.121-2.bin"

cisco 2500 (68030) processor (revision N) with 2048K/2048K bytes of memory.
Processor board ID 13578810, with hardware revision 00000000
Bridging software.
X.25 software, Version 3.0.0.
1 Ethernet/IEEE 802.3 interface(s)
2 Serial network interface(s)
32K bytes of non-volatile configuration memory.
8192K bytes of processor board System flash (Read ONLY)

Configuration register is 0x2102
```

- router#show flash
  - 플래시 메모리에 있는 IOS 파일의 크기, 이름 등의 정보
  - 플래시 메모리의 사용중인 크기, 사용가능 크기, 총 크기 등의 정보 확인

```
Router#show flash
File  Length   Name/status
  1   4305884  c2500-i-l.121-2.bin
[4305948 bytes used, 4082660 available, 8388608 total]
8192K bytes of processor board System flash (Read ONLY)
```

- router#show startup-config
  - NVRAM에 저장되어 있는 startup-config 파일의 설정내용 확인

```
Router#show startup-config
Using 1040 out of 32762 bytes
!
version 11.2
no service password-encryption
no service udp-small-servers
no service tcp-small-servers
!
hostname Router
!
!
!
!
!
!
interface Ethernet0
 no ip address
 no ip directed-broadcast
 shutdown
```

- router#show running-config
  - DRAM에 저장되어 있는 running-config 파일의 설정내용 확인

```
RouterA#show running-config
Building configuration...

Using 1040 out of 32762 bytes
!
version 11.2
no service password-encryption
no service udp-small-servers
no service tcp-small-servers
!
hostname RouterA
!
!
!
!
!
!
interface Ethernet0
 no ip address
 no ip directed-broadcast
 shutdown
```

- router#show interfaces
  - 라우터의 모든 이더넷, 시리얼 인터페이스의 상태, 설정내용 등을 확인

```
Ethernet0 is administratively down, line protocol is down
  Hardware is Lance, address is 0050.736b.a62e1 (bia 0050.736b.a62e1)
  MTU 1500 bytes, BW 10000 Kbit, DLY 1000 usec, rely 252/255, load 1/255
  Encapsulation ARPA, loopback not set, keepalive set (10 sec)
    ARP type: ARPA, ARP Timeout 04:00:00
    Last input never, output 00:02:08, output hang never
   Last clearing of "show interface" counters never
     Queueing strategy: fifo
   Output queue 0/40, 0 drops; input queue 0/75, 0 drops
   5 minute input rate 0 bits/sec, 0 packets/sec
   5 minute output rate 0 bits/sec, 0 packets/sec
      0 packets input, 0 bytes, 0 no buffer
      Received 0 broadcasts, 0 runts, 0 giants, 0 throttles
      0 input errors, 0 CRC, 0 frame, 0 overrun, 0 ignored, 0 abort
      0 input packets with dribble condition detected
     8 packets output, 480 bytes, 0 underruns
      8 output errors, 0 collisions, 3 interface resets
      0 babbles, 0 late collision, 0 deferred
       8 lost carrier, 0 no carrier
       0 output buffer failures, 0 output buffers swapped out
 Serial0 is administratively down, line protocol is down
  Hardware is HD64570
  MTU 1500 bytes, BW 1544 Kbit, DLY 20000 usec, rely 255/255, load 1/255
  Encapsulation HDCL, loopback not set, keepalive set (10 sec)
```

LAN-WAN-LAN 네트워크 실습

< 기본지식 >

- ❖ PC IP 주소 설정
- ❖ 라우터 패스트 이더넷 인터페이스 설정
- ❖ 라우터 시리얼 인터페이스 설정

< 네트워크 구성 및 설정 절차 >

1. LAN1 - WAN - LAN2 네트워크 구축
2. 인터페이스 IP 주소 설정 및 인터페이스 활성화
3. Ping 시험
4. 라우팅 테이블 확인
5. 라우터 설정 확인
6. 라우터 인터페이스 상태 확인

< LAN-WAN-LAN 네트워크 구성 토폴로지 >

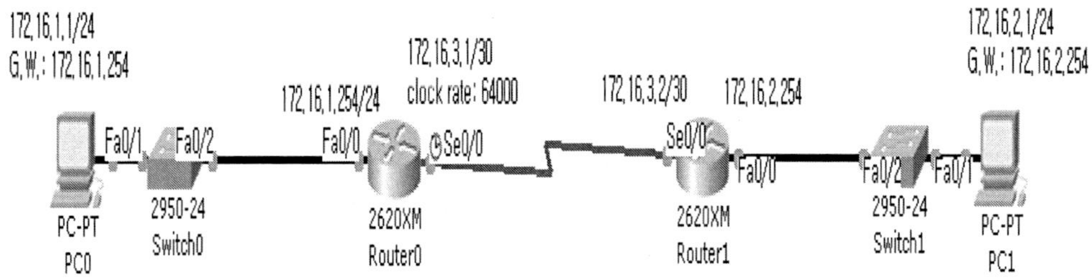

< LAN-WAN-LAN 네트워크 구성 실습 >

1. 컴퓨터 PC-PT, 스위치 2950-24, 라우터 2620을 Drag하여 중앙의 창에 Drop한다.
1. PC0의 Fa와 Switch0의 Fa0/1을 연결한다.
1. Switch0의 Fa0/2와 Router0의 Fa0/0를 연결한다.
1. 추후 Router0의 Fa0/0를 no shutdown시키면 초록불이 On된다.
1. Router0에 WIC-2T 시리얼 모듈을 장착한다.
1. PC1, Switch1, Router1에 대해서 위와 같은 과정을 반복한다.
1. Router0의 S0/0와 Router1의 S0/0를 Serial DCE 케이블로 연결한다.

2. PC0의 Gateway의 IP 주소를 172.16.1.254로 설정한다.
2. PC0의 IP 주소를 172.16.1.1로, Subnet Mask를 255.255.255.0으로 설정한다.
2. Router0의 Fa0/0의 IP 주소를 172.16.1.254/24로 설정하고 활성화시킨다.
2. Router0의 S0/0의 IP 주소를 172.16.3.1/30, Clock Rate을 64000으로 설정하고 활성화.
2. 관리자 모드에서 wr을 수행하여 설정을 저장한다.

2. PC1의 Gateway의 IP 주소를 172.16.2.254로 설정한다.
2. PC1의 IP 주소를 172.16.2.1로, Subnet Mask를 255.255.255.0으로 설정한다.
2. Router1의 Fa0/0의 IP 주소를 172.16.2.254/24로 설정하고 활성화시킨다.
2. Router1의 S0/0의 IP 주소를 172.16.3.2/30으로 설정하고 활성화시킨다.
2. 관리자 모드에서 wr을 수행하여 설정을 저장한다.

3. PC0에서 게이트웨이(Router0의 Fa0/0)로 ping 시험성공 확인

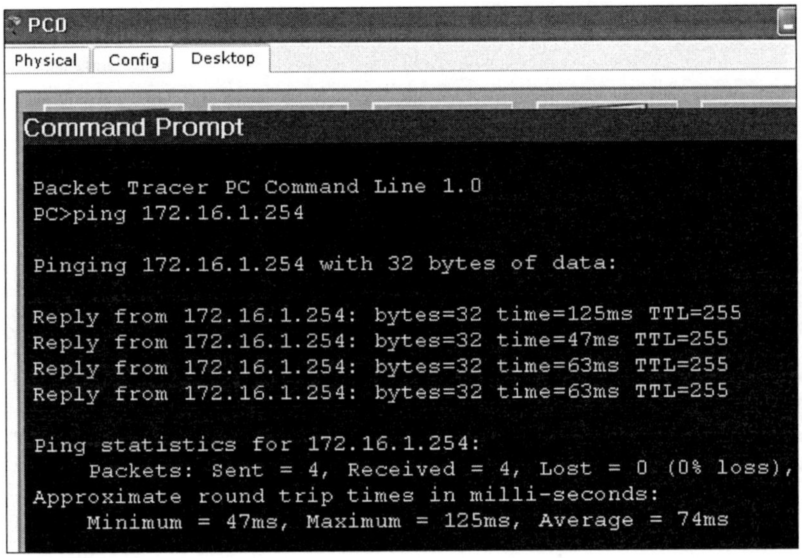

3. Router0에서 Router1으로 ping 시험성공 확인

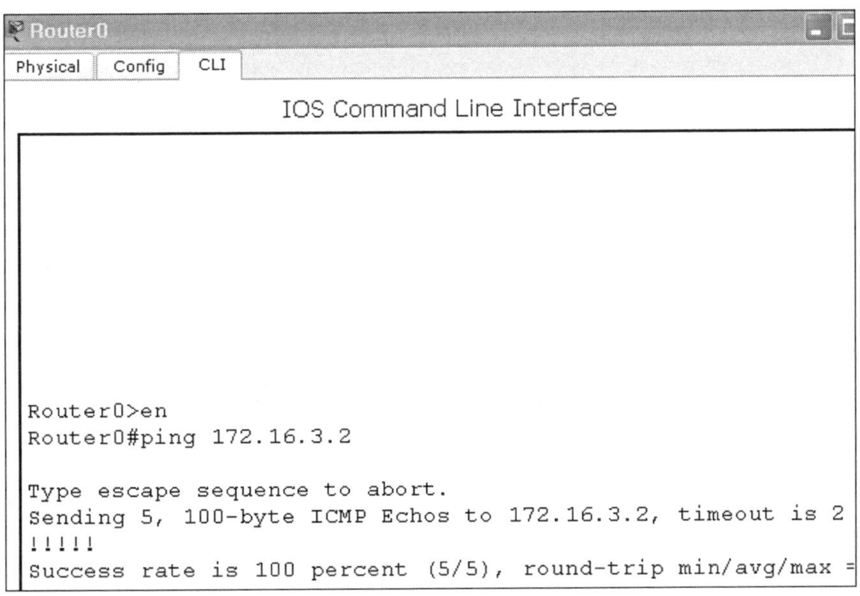

3. PC0에서 PC1으로 ping 시험실패 확인

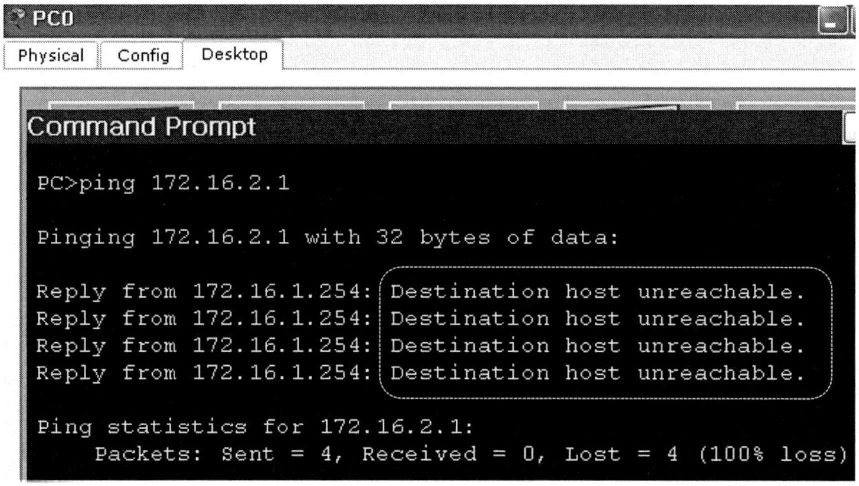

4. Router0에서 sh ip route 명령으로 라우팅 테이블 확인
- 172.16.2.0 서브넷이 없음을 확인

```
Router0#sh ip route
Codes: C - connected, S - static, I - IGRP, R - RIP, M - mobile, B - BGP
       D - EIGRP, EX - EIGRP external, O - OSPF, IA - OSPF inter area
       N1 - OSPF NSSA external type 1, N2 - OSPF NSSA external type 2
       E1 - OSPF external type 1, E2 - OSPF external type 2, E - EGP
       i - IS-IS, L1 - IS-IS level-1, L2 - IS-IS level-2, ia - IS-IS inter area
       * - candidate default, U - per-user static route, o - ODR
       P - periodic downloaded static route

Gateway of last resort is not set

     172.16.0.0/16 is variably subnetted, 2 subnets, 2 masks
C       172.16.1.0/24 is directly connected, FastEthernet0/0
C       172.16.3.0/30 is directly connected, Serial0/0
```

5. Router0에서 sh ver명령 실행

- IOS 버전, ROM 메모리, IOS 이미지 파일이름, 인터페이스, NVRAM 크기, Flash 크기, 설정 레지스터 값을 확인

```
Router0#sh ver
Cisco Internetwork Operating System Software
IOS (tm) C2600 Software (C2600-I-M), Version 12.2(28), RELEASE SOFTWARE (fc5)
Technical Support: http://www.cisco.com/techsupport
Copyright (c) 1986-2005 by cisco Systems, Inc.
Compiled Wed 27-Apr-04 19:01 by miwang
Image text-base: 0x8000808C, data-base: 0x80A1FECC

ROM: System Bootstrap, Version 12.1(3r)T2, RELEASE SOFTWARE (fc1)
Copyright (c) 2000 by cisco Systems, Inc.
ROM: C2600 Software (C2600-I-M), Version 12.2(28), RELEASE SOFTWARE (fc5)

System returned to ROM by reload
System image file is "flash:c2600-i-mz.122-28.bin"

cisco 2620 (MPC860) processor (revision 0x200) with 60416K/5120K bytes of memory

.
Processor board ID JAD05190MTZ (4292891495)
M860 processor: part number 0, mask 49
Bridging software.
X.25 software, Version 3.0.0.
1 FastEthernet/IEEE 802.3 interface(s)
2 Low-speed serial(sync/async) network interface(s)
32K bytes of non-volatile configuration memory.
63488K bytes of ATA CompactFlash (Read/Write)

Configuration register is 0x2102
```

5. Router0에서 sh flash, sh start, sh run 확인

```
Router0#sh flash

System flash directory:
File  Length   Name/status
  3   5571584  c2600-i-mz.122-28.bin
  2   28282    sigdef-category.xml
  1   227537   sigdef-default.xml
[5827403 bytes used, 58188981 available, 64016384 total]
63488K bytes of processor board System flash (Read/Write)
```

```
Router0#sh start
Using 470 bytes
!
version 12.2
no service timestamps log datetime msec
no service timestamps debug datetime msec
no service password-encryption
!
hostname Router0
```

```
Router0#sh run
Building configuration...

Current configuration : 470 bytes
!
version 12.2
no service timestamps log datetime msec
no service timestamps debug datetime msec
no service password-encryption
!
hostname Router0
```

6. Router0에서 sh int 확인

```
Router0#sh int
FastEthernet0/0 is up, line protocol is up (connected)
  Hardware is Lance, address is 0090.2be8.ec7b (bia 0090.2be8.ec7b)
  Internet address is 172.16.1.254/24
  MTU 1500 bytes, BW 100000 Kbit, DLY 100 usec,
     reliability 255/255, txload 1/255, rxload 1/255
  < 중간생략 >
Serial0/0 is up, line protocol is up (connected)
  Hardware is HD64570
  Internet address is 172.16.3.1/30
  MTU 1500 bytes, BW 1544 Kbit, DLY 20000 usec,
     reliability 255/255, txload 1/255, rxload 1/255
  Encapsulation HDLC, loopback not set, keepalive set (10 sec)

  < 중간생략 >
Serial0/1 is administratively down, line protocol is down (disabled)
  Hardware is HD64570
  MTU 1500 bytes, BW 1544 Kbit, DLY 20000 usec,
     reliability 255/255, txload 1/255, rxload 1/255
  Encapsulation HDLC, loopback not set, keepalive set (10 sec)
```

6. Router0에서 sh int s0/0, sh int fa0/0 확인

```
Router0#sh int s0/0
Serial0/0 is up, line protocol is up (connected)
  Hardware is HD64570
  Internet address is 172.16.3.1/30
  MTU 1500 bytes, BW 1544 Kbit, DLY 20000 usec,
     reliability 255/255, txload 1/255, rxload 1/255
  Encapsulation HDLC, loopback not set, keepalive set (10 sec)
```

```
Router0#sh int fa0/0
FastEthernet0/0 is up, line protocol is up (connected)
  Hardware is Lance, address is 0090.2be8.ec7b (bia 0090.2be8.ec7b)
  Internet address is 172.16.1.254/24
  MTU 1500 bytes, BW 100000 Kbit, DLY 100 usec,
     reliability 255/255, txload 1/255, rxload 1/255
  Encapsulation ARPA, loopback not set
```

3 부 IP 라우팅

5장 라우팅 개념 및 설정
6장 RIP
7장 EIGRP
8장 OSPF
9장 라우팅 문제 해결

5장

라우팅 개념 및 설정

5-1 패킷 루트

- 커넥티드 루트
- 스태틱 루트
- 디폴트 스태틱 루트
- 라우팅 프로토콜 루트

커넥티드 루트

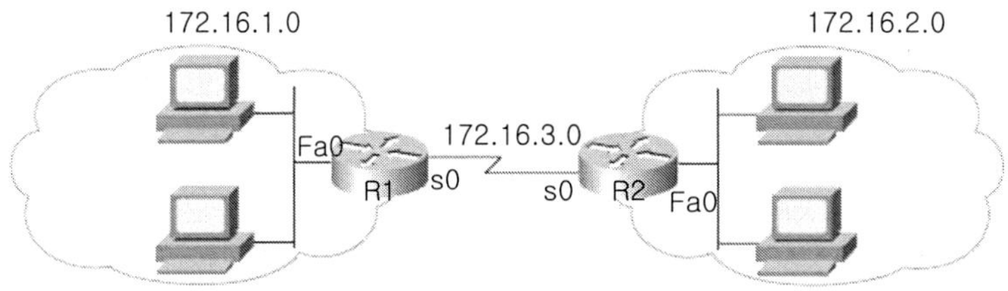

- 커넥티드 루트(Connected Routes)
  - 라우터에 직접 연결되어 있는 서브넷 경로
  - 해당 인터페이스의 라인 상태와 프로토콜 상태가 up/up이어야 함
  - 해당 인터페이스의 IP 주소가 설정되어 있어야 함
  - 라우터가 자동으로 해당 인터페이스의 서브넷을 라우팅 테이블에 추가
- 라우팅 테이블 확인
  - R1#show ip route
  - C 172.16.1.0 is directly connected, interface Fa0
  - C : 커넥티디 루트임을 나타냄
- 커넥티드 루트만을 확인
  - R1#show ip route connected

스태틱 루트

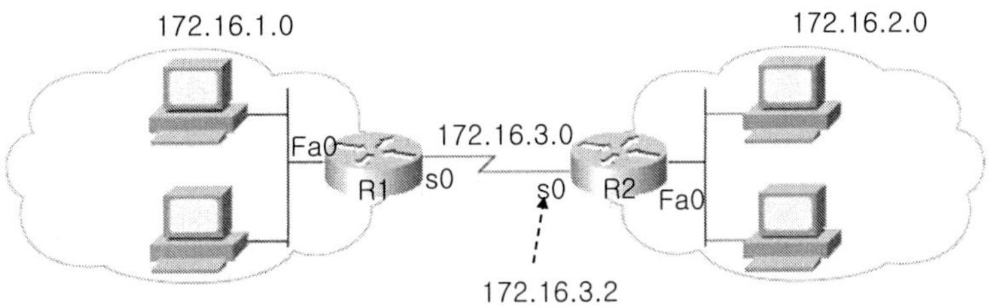

- 스태틱 루트(Static Routes)
  - 관리자가 수동으로 라우팅 테이블에 추가하는 서브넷 경로
- ip route 서브넷번호 서브넷마스크 다음홉IP주소
  - 서브넷번호: 수동으로 추가하기 위한 서브넷을 나타냄
  - 다음홉IP주소: 스태틱 루트로 가기 위해 경유할 인접 라우터의 IP 주소
  - R1(config)#ip route 172.16.2.0 255.255.255.0 172.16.3.2
  - 스태틱 루트 172.16.2.0으로 가기 위해서는 다음 홉 172.16.3.2을 경유해야 함
- 스태틱 루트 확인
  - R1#show ip route static
  - S 172.16.2.0 [1/0] via 172.16.3.2
  - S : 스태틱 루트를 의미

디폴트 스태틱 루트

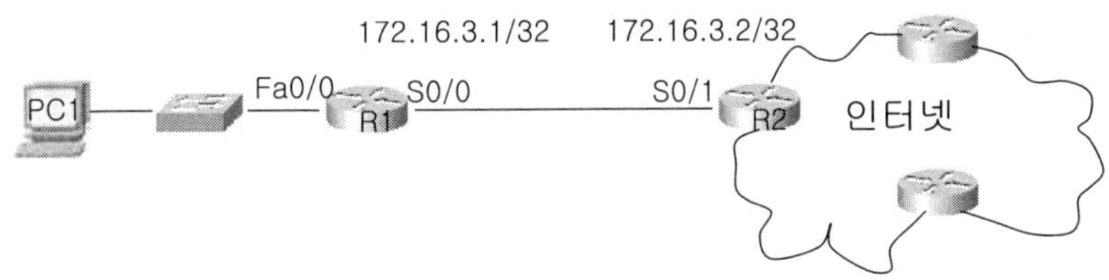

- 디폴트 스태틱 루트(Default Static Routes)
  - 모든 루트와 일치하지 않는 경우 마지막으로 지정되는 루트
  - 관리자가 수동으로 라우팅 테이블에 등록
  - 모든 패킷의 목적지 IP주소와 일치하는 서브넷(0.0.0.0/0)
- ip route 0.0.0.0 0.0.0.0 다음홉IP주소
  - 0.0.0.0 0.0.0.0: 디폴트 루트의 서브넷 번호와 서브넷 마스크
  - 172.16.3.2: 디폴트 루트로 가기 위해 경유할 인접 라우터의 IP주소
  - R1(config)#ip route 0.0.0.0 0.0.0.0 172.16.3.2
  - 디폴트 루트 0.0.0.0으로 가기 위해서는 다음 홉 172.16.3.2을 경유해야 함
- 디폴트 루트 확인
  - R1#show ip route
  - S* 0.0.0.0/0 [1/0] via 172.16.3.2
  - S* : 디폴트 스태틱 루트를 의미
  - "Gateway of last resort": 여러 개의 디폴트 루트 중에서 가장 좋은 디폴트 루트임

라우팅 프로토콜 루트

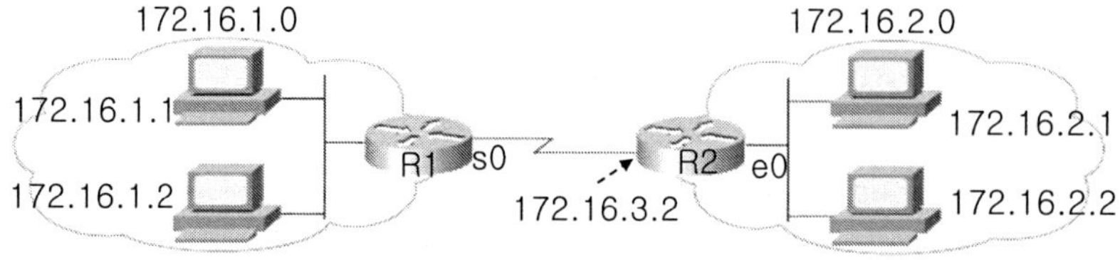

R1 라우팅 테이블

서브넷	출력 인터페이스	다음 홉
172.16.2.0	s0	172.16.3.2

R2 라우팅 테이블

서브넷	출력 인터페이스	다음 홉
172.16.2.0	e0	-

- 라우팅 프로토콜 루트
  - 라우팅 프로토콜을 통해 인접 라우터로부터 입수한 서브넷에 대한 경로
  - 자동으로 라우팅 테이블에 등록
  - I : IGRP, R : RIP, B : BGP, D : EIGRP, O : OSPF
- 라우팅 프로토콜 루트 추가
  - R2는 라우팅 프로토콜을 통해 서브넷 172.16.2.0를 인접 라우터 R1에 방송
  - R1은 서브넷 172.16.2.0에 대한 루트를 자신의 라우팅 테이블 엔트리에 추가

5-2 라우팅 개념

- 라우팅(Routing)
- 호스트에서의 라우팅
- 라우터에서의 라우팅

라우팅(Routing)

- 라우팅(Routing)
  - 패킷의 전송 경로를 결정 (Path Selection)
  - 패킷의 목적지 IP 주소를 라우팅 테이블 내의 루트와 차례로 비교
- 라우팅 테이블(Routing Table)
  - 테이블 엔트리에 목적지 서브넷에 대한 실제 경로(루트)를 저장
  - 라우터 자신의 서브넷 루트는 자동으로 추가
  - 인접 라우터로부터는 라우팅 프로토콜을 통해 입수하여 추가
  - 엔트리 요소 : 서브넷, 출력 인터페이스, 다음 홉 라우터

호스트에서의 라우팅

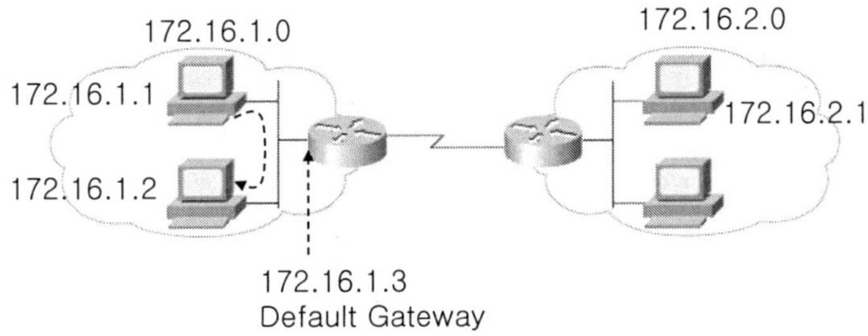

- 목적지(172.16.1.2)와 송신지(172.16.1.1)가 같은 서브넷에 있는 경우
  - 패킷을 목적지 호스트로 직접 전송
- 목적지(172.16.2.1)와 송신지(172.16.1.1)가 다른 서브넷에 있는 경우
  - 패킷을 기본 게이트웨이(PC의 인접 라우터)로 전송

라우터에서의 라우팅

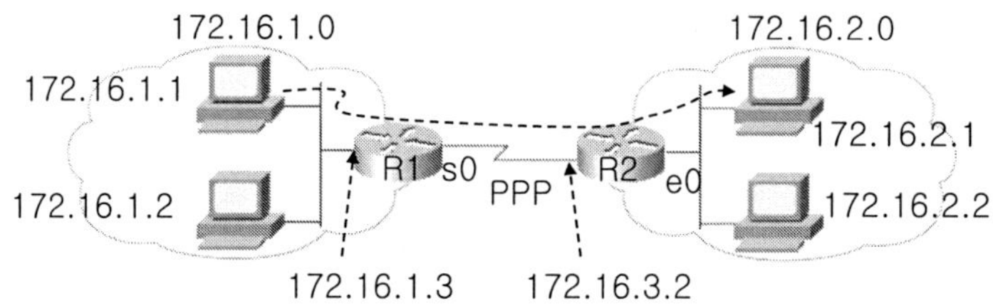

R1 라우팅 테이블

서브넷(Subnet)	출력인터페이스(outgoing interface)	다음 홉(next-hop) IP 주소
172.16.2.0	Serial0	172.16.3.2

- R1에 도착한 IP 패킷의 목적지 주소(172.16.2.1)를 라우팅 테이블과 비교
- 엔트리를 검색하여 일치하는 루트(172.16.2.0 Serial0 172.16.3.2)를 추적
- IP 패킷을 일치하는 루트의 출력인터페이스(Serial0 인터페이스)를 통해 R2로 전송

Static Routes 설정 실습

< 기본지식 >

❖ 스태틱 루트 설정
- Router(config)#ip route [목적지 Network] [Subnet Mask] [Next-hop IP]
- Router(config)# ip route [목적지 Network] [Subnet Mask] [Connected Interface]

❖ 디폴트 스태틱 루트 설정
- Router(config)#ip route [0.0.0.0] [0.0.0.0] [Next-hop IP]

❖ 라우팅 테이블 확인
- sh ip route

< 네트워크 구성절차 >

1. PC 세 대, 스위치 세 대, 라우터 세 대를 사용하여 네트워크 구축

```
             10.1.1.0/24                     172.16.1.0/24
     R1-----------------------R2-----------------------R3
      |                        |                         |
192.168.1.0/24           192.168.2.0/24           192.168.3.0/24
```

2. 위의 토폴로지를 참조하여 모든 네트워크에 IP 주소를 설정
   - LAN의 PC는 IP 주소범위의 첫 번째 주소를 할당, Gateway는 마지막 주소를 할당
   - WAN은 프로토콜로 HDLC를, 대역폭으로 128K를 사용하며, 라우터 R2를 DCE로 사용
   - WAN IP 주소의 마지막 부분은 라우터 번호를 할당(R1의 s0/0에는 10.1.1.1)
3. R1, R2, R3에 스태틱 루트 설정
4. R1, R2, R3의 라우팅 테이블 확인
5. PC 간 Ping 시험

< Static Routes 설정 토폴로지 >

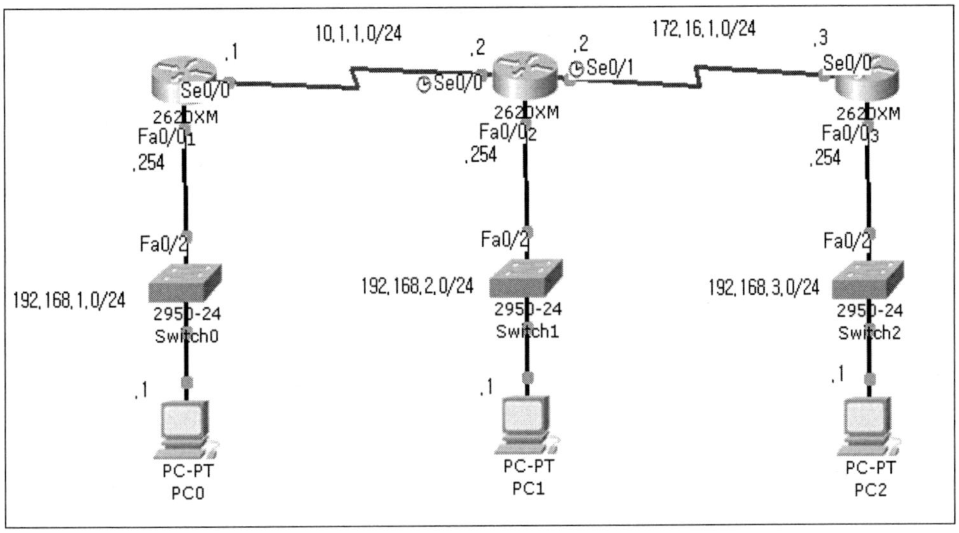

< Static Routes 설정 실습 >

1. 컴퓨터 PC-PT, 스위치 2950-24, 라우터 2620을 Drag하여 창의 좌측에 Drop한다.
1. PC0의 FastEthernet과 Switch0의 Fa0/1을 Copper Straight-Through로 연결한다.
1. Switch0의 Fa0/2와 R1의 Fa0/0를 Copper Straight-Through 케이블로 연결한다.
1. R1의 W0 슬롯에 WIC-2T 시리얼 모듈을 장착한다.
1. PC1, Switch1, R2를 창의 중앙에 배치하고 위와 같은 과정을 반복한다.
1. PC2, Switch2, R3를 창의 우측에 배치하고 위와 같은 과정을 반복한다.
1. R2의 S0/0와 R1의 S0/0를, R2의 S0/1과 R3의 S0/0를 Serial DCE 케이블로 연결한다.

2. PC0의 Gateway를 192.168.1.254로, IP를 192.168.1.1/24로 설정한다.
2. R1의 Fa0/0의 IP 주소를 192.168.1.254/24로 설정하고 활성화시킨다.

2. PC1, Switch1, R2에 대해서 토폴로지를 참조하여 같은 과정을 반복한다.
2. PC2, Switch2, R3에 대해서 토폴로지를 참조하여 같은 과정을 반복한다.

2. R1의 S0/0의 bandwidth를 128로 설정한다.
2. R1의 encapsulation을 hdlc로 설정한다.
2. R1의 S0/0의 IP 주소를 10.1.1.1/24로 설정하고 활성화시킨다.

2. R2의 S0/0의 bandwidth를 128로 설정한다.
2. R2의 clock rate을 128000로 설정한다.
2. R2의 encapsulation을 hdlc로 설정한다.
2. R2의 S0/0의 IP 주소를 10.1.1.2/24로 설정하고 활성화시킨다.

2. R2의 S0/1의 bandwidth를 128로 설정한다.
2. R2의 clock rate을 128000로 설정한다.
2. R2의 encapsulation을 hdlc로 설정한다.
2. R2의 S0/1의 IP 주소를 172.16.1.2/24로 설정하고 활성화시킨다.

2. R3의 S0/0의 bandwidth를 128로 설정한다.
2. R3의 encapsulation을 hdlc로 설정한다.
2. R3의 S0/0의 IP 주소를 172.16.1.3/24로 설정하고 활성화시킨다.

```
# R1
R1(config)# interface fa0/0
R1(config-if)# no shutdown
R1(config-if)# ip address 192.168.1.254 255.255.255.0
R1(config-if)# interface s0/0
R1(config-if)# no shutdown
R1(config-if)# encapsulation hdlc
R1(config-if)# bandwidth 128
R1(config-if)# ip address 10.1.1.1 255.255.255.0
```

```
# R2
R2(config)# interface fa0/0
R2(config-if)# no shutdown
R2(config-if)# ip address 192.168.2.254 255.255.255.0
R2(config-if)# interface s0/0
R2(config-if)# no shutdown
R2(config-if)# encapsulation hdlc
R2(config-if)# bandwidth 128
R2(config-if)# clock rate 128000
R2(config-if)# ip address 10.1.1.2 255.255.255.0
!
R2(config)# interface s0/1
R2(config-if)# no shutdown
R2(config-if)# encapsulation hdlc
R2(config-if)# bandwidth 128
R2(config-if)# clock rate 128000
R2(config-if)# ip address 172.16.1.2 255.255.255.0
```

```
# R3
R3(config)# interface fa0/0
R3(config-if)# no shutdown
R3(config-if)# ip address 192.168.3.254 255.255.255.0
R3(config-if)# interface s0/0
R3(config-if)# no shutdown
R3(config-if)# encapsulation hdlc
R3(config-if)# bandwidth 128
R3(config-if)# ip address 172.16.1.3 255.255.255.0
```

3. R1, R2, R3에 서브넷 스태틱 루트 추가
3. R1에 192.168.2.0/24, 192.168.3.0/24, 172.16.1.0/24 루트를 설정한다.
3. R2에 192.168.1.0/24, 192.168.3.0/24 루트를 설정한다.
3. R3에 192.168.1.0/24, 192.168.2.0/24, 10.1.1.0/24 루트를 설정한다.

```
# R1
R1(config)# ip route 192.168.2.0 255.255.255.0 10.1.1.2
R1(config)# ip route 192.168.3.0 255.255.255.0 10.1.1.2
R1(config)# ip route 172.16.1.0 255.255.255.0 10.1.1.2
```

```
# R2
R2(config)# ip route 192.168.1.0 255.255.255.0 10.1.1.1
R2(config)# ip route 192.168.3.0 255.255.255.0 172.16.1.3
```

```
# R3
R3(config)# ip route 192.168.1.0 255.255.255.0 172.16.1.2
R3(config)# ip route 192.168.2.0 255.255.255.0 172.16.1.2
R3(config)# ip route 10.1.1.0 255.255.255.0 172.16.1.2
```

4. R1, R2, R3의 라우팅 테이블 확인

```
R1#sh ip route
Codes: C - connected, S - static, I - IGRP, R - RIP, M - mo
       D - EIGRP, EX - EIGRP external, O - OSPF, IA - OSPF
       N1 - OSPF NSSA external type 1, N2 - OSPF NSSA exter
       E1 - OSPF external type 1, E2 - OSPF external type 2
       i - IS-IS, L1 - IS-IS level-1, L2 - IS-IS level-2, i
       * - candidate default, U - per-user static route, o
       P - periodic downloaded static route

Gateway of last resort is not set

     10.0.0.0/24 is subnetted, 1 subnets
C       10.1.1.0 is directly connected, Serial0/0
     172.16.0.0/24 is subnetted, 1 subnets
S       172.16.1.0 [1/0] via 10.1.1.2
C    192.168.1.0/24 is directly connected, FastEthernet0/0
S    192.168.2.0/24 [1/0] via 10.1.1.2
S    192.168.3.0/24 [1/0] via 10.1.1.2
```

```
R2#sh ip route
Codes: C - connected, S - static, I - IGRP, R - RIP, M - mo
       D - EIGRP, EX - EIGRP external, O - OSPF, IA - OSPF
       N1 - OSPF NSSA external type 1, N2 - OSPF NSSA exter
       E1 - OSPF external type 1, E2 - OSPF external type 2
       i - IS-IS, L1 - IS-IS level-1, L2 - IS-IS level-2, i
       * - candidate default, U - per-user static route, o
       P - periodic downloaded static route

Gateway of last resort is not set

     10.0.0.0/24 is subnetted, 1 subnets
C       10.1.1.0 is directly connected, Serial0/0
     172.16.0.0/24 is subnetted, 1 subnets
C       172.16.1.0 is directly connected, Serial0/1
S    192.168.1.0/24 [1/0] via 10.1.1.1
C    192.168.2.0/24 is directly connected, FastEthernet0/0
S    192.168.3.0/24 [1/0] via 172.16.1.3
```

```
R3#sh ip route
Codes: C - connected, S - static, I - IGRP, R - RIP, M - m
       D - EIGRP, EX - EIGRP external, O - OSPF, IA - OSPF
       N1 - OSPF NSSA external type 1, N2 - OSPF NSSA exte
       E1 - OSPF external type 1, E2 - OSPF external type
       i - IS-IS, L1 - IS-IS level-1, L2 - IS-IS level-2,
       * - candidate default, U - per-user static route, o
       P - periodic downloaded static route

Gateway of last resort is not set

     10.0.0.0/24 is subnetted, 1 subnets
S       10.1.1.0 [1/0] via 172.16.1.2
     172.16.0.0/24 is subnetted, 1 subnets
C       172.16.1.0 is directly connected, Serial0/0
S    192.168.1.0/24 [1/0] via 172.16.1.2
S    192.168.2.0/24 [1/0] via 172.16.1.2
C    192.168.3.0/24 is directly connected, FastEthernet0/0
```

5. PC0, PC1, PC2 간 ping 시험

```
PC0
Physical | Config | Desktop

Command Prompt

Packet Tracer PC Command Line 1.0
PC>ping 192.168.2.1

Pinging 192.168.2.1 with 32 bytes of data:

Request timed out.
Reply from 192.168.2.1: bytes=32 time=143ms TTL=126
Reply from 192.168.2.1: bytes=32 time=157ms TTL=126
Reply from 192.168.2.1: bytes=32 time=157ms TTL=126

Ping statistics for 192.168.2.1:
    Packets: Sent = 4, Received = 3, Lost = 1 (25% loss),
Approximate round trip times in milli-seconds:
    Minimum = 143ms, Maximum = 157ms, Average = 152ms

PC>ping 192.168.3.1

Pinging 192.168.3.1 with 32 bytes of data:

Request timed out.
Reply from 192.168.3.1: bytes=32 time=172ms TTL=125
Reply from 192.168.3.1: bytes=32 time=156ms TTL=125
Reply from 192.168.3.1: bytes=32 time=156ms TTL=125

Ping statistics for 192.168.3.1:
    Packets: Sent = 4, Received = 3, Lost = 1 (25% loss),
Approximate round trip times in milli-seconds:
    Minimum = 156ms, Maximum = 172ms, Average = 161ms
```

< Default Static Routes 설정 실습 >

1. R1에 아래와 같이 Default Static Route를 추가한다.

R1(config)#no ip route 172.16.1.0 255.255.255.0 10.1.1.2
R1(config)#no ip route 192.168.2.0 255.255.255.0 10.1.1.2
R1(config)#no ip route 192.168.3.0 255.255.255.0 10.1.1.2
R1(config)#ip route 0.0.0.0 0.0.0.0 10.1.1.2
R1#wr
R1#sh ip route

```
R1#sh ip route
Codes: C - connected, S - static, I - IGRP, R - RIP, M - mobile, B - BGP
       D - EIGRP, EX - EIGRP external, O - OSPF, IA - OSPF inter area
       N1 - OSPF NSSA external type 1, N2 - OSPF NSSA external type 2
       E1 - OSPF external type 1, E2 - OSPF external type 2, E - EGP
       i - IS-IS, L1 - IS-IS level-1, L2 - IS-IS level-2, ia - IS-IS inter area
       * - candidate default, U - per-user static route, o - ODR
       P - periodic downloaded static route

Gateway of last resort is 10.1.1.2 to network 0.0.0.0

     10.0.0.0/24 is subnetted, 1 subnets
C       10.1.1.0 is directly connected, Serial0/0
C    192.168.1.0/24 is directly connected, FastEthernet0/0
S*   0.0.0.0/0 [1/0] via 10.1.1.2
```

2. R3에 아래와 같이 Default Static Route를 추가한다.

R3(config)#no ip route 10.1.1.0 255.255.255.0 172.16.1.2
R3(config)#no ip route 192.168.1.0 255.255.255.0 172.16.1.2
R3(config)#no ip route 192.168.2.0 255.255.255.0 172.16.1.2
R3(config)#ip route 0.0.0.0 0.0.0.0 172.16.1.2
R3#wr
R3#sh ip route

```
R3#sh ip route
Codes: C - connected, S - static, I - IGRP, R - RIP, M - mobile, B - BGP
       D - EIGRP, EX - EIGRP external, O - OSPF, IA - OSPF inter area
       N1 - OSPF NSSA external type 1, N2 - OSPF NSSA external type 2
       E1 - OSPF external type 1, E2 - OSPF external type 2, E - EGP
       i - IS-IS, L1 - IS-IS level-1, L2 - IS-IS level-2, ia - IS-IS inter area
       * - candidate default, U - per-user static route, o - ODR
       P - periodic downloaded static route

Gateway of last resort is 172.16.1.2 to network 0.0.0.0

     172.16.0.0/24 is subnetted, 1 subnets
C       172.16.1.0 is directly connected, Serial0/0
C    192.168.3.0/24 is directly connected, FastEthernet0/0
S*   0.0.0.0/0 [1/0] via 172.16.1.2
```

3. PC0와 PC2간 ping을 시험한다.

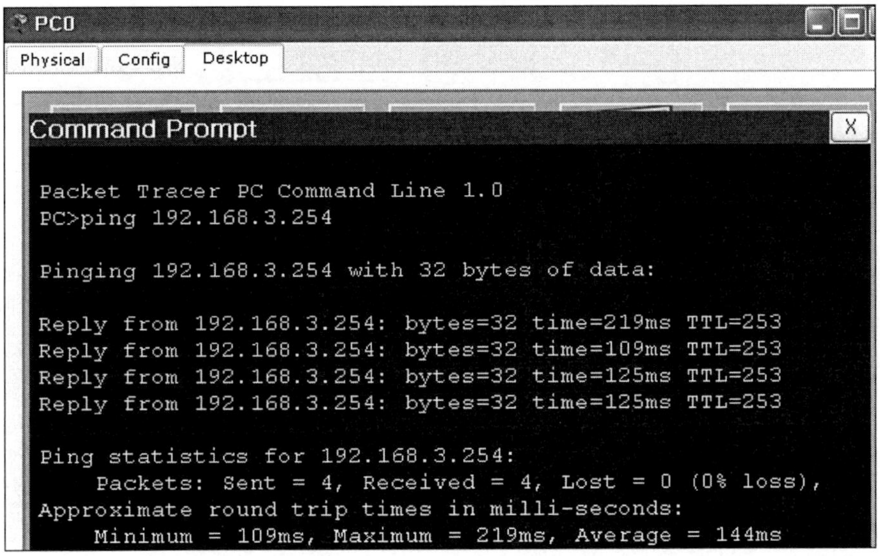

6장

RIP

6-1 라우팅 프로토콜

- 라우팅 프로토콜 기능
- IGP / EGP 라우팅 프로토콜
- RIP 개념
- RIP 설정

라우팅 프로토콜 기능

- 루트를 학습하기 위해 라우터가 사용하는 알고리즘
  - 이웃의 라우터로부터 이웃의 서브넷에 대한 정보를 학습
  - 라우터 자신의 서브넷을 인접 라우터에 광고(Broadcasting)
  - 서브넷에 대해서 하나 이상의 루트가 있는 경우, 메트릭을 계산하여 최적 루트를 선택
  - 네트워크 토폴로지가 변하는 경우 새로운 최적 루트 검색(컨버젼스 프로세스)

- 라우팅 프로토콜(Routing Protocol)
  - 서브넷에 대한 루트를 학습
  - RIP, EIGRP, OSPF, BGP

- 라우티드 프로토콜(Routed Protocol)
  - 라우팅에 의해 결정된 경로로 패킷을 전송
  - IP, IPX

IGP / EGP 라우팅 프로토콜

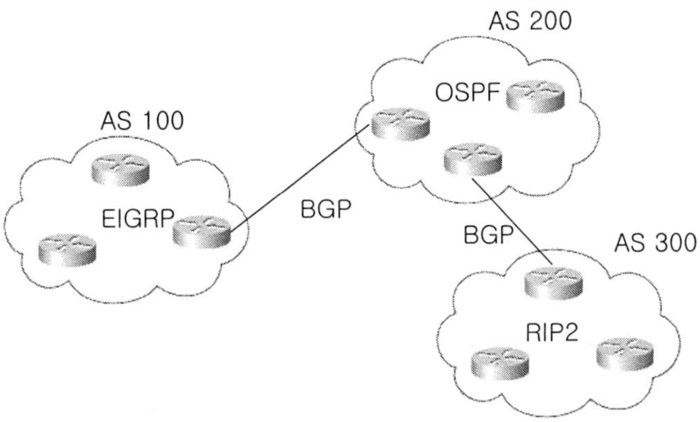

- IGP(Interior Gateway Protocols)
  - 자치시스템(AS) 내부에서 사용되는 라우팅 프로토콜
  - RIP, OSPF, EIGRP
- EGP(Exterior Gateway Protocols)
  - 서로 다른 AS 간에 사용되는 라우팅 프로토콜
  - BGP
- 자치 시스템(Autonomous System, AS)
  - 네트워크 관리 단위
  - 단일 회사, 단일 학교, ISP 등
  - ASN : AS의 고유 번호

RIP 개념

- RIP 개요
  - IETF에서 지정한 인터넷 표준 라우팅 프로토콜 중의 하나
  - 거리벡터 방식의 IGP 라우팅 프로토콜
- 라우팅 정보 갱신
  - 30초의 주기적 간격으로 라우팅 테이블 전체를 이웃 라우터에 브로드캐스팅
- 라우팅 테이블 작성
  - 라우터 대 수(Hop Count)를 고려하여 최적의 경로를 결정
  - 목적지 서브넷에 대한 경로가 여럿일 경우 그 중에서 가장 짧은 홉 수의 경로를 선택
- 도달 거리
  - 15 홉
  - 목적지 서브넷까지 15개 이상의 라우터를 거치는 경로는 도달 불가로 판정
  - 소규모 네트워크에 사용
- RIP-1
  - 클래스풀 라우팅 프로토콜
- RIP-2
  - 클래스리스 라우팅 프로토콜
  - 기본적으로는 Classful 방식으로 라우팅 업데이트를 수행

RIP 설정

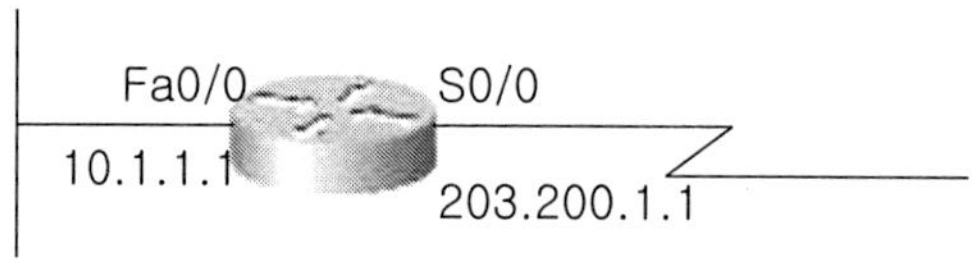


```
R(config)#router rip
R(config-router)#version 2
R(config-router)#network 10.0.0.0
R(config-router)#network 203.200.1.0
R(config-router)#passive-interface Fa0/0
R(config-router)#no auto-summary
```

- router rip
  - RIP 설정모드로 이동
- version 2
  - RIP 버전 2
- network classful_network_number
  - 인접 라우터로 광고할 자신의 서브넷을 클래스풀 방식으로 지정
- passive-interface PC연결_인터페이스
  - 해당 인터페이스로는 RIP 업데이트 중지
  - 해당 인터페이스에는 라우터가 없으므로 불필요한 RIP 업데이트
- no auto-summary
  - 자동축약 기능 해제
  - Classless 방식으로 서브네팅된 네트워크들을 축약하지 않은 채 광고

RIP 설정 실습

< 기본지식 >

❖ Private IP Address
- 사설망 IP 주소이다.
- A 클래스: 10.0.0.0 ~ 10.255.255.255
- B 클래스: 172.16.0.0 ~ 172.31.255.255
- C 클래스: 192.168.0.0 ~ 192.168.255.255

❖ Classful Routing Protocol
- IP 주소 = (네트워크, 서브넷, 호스트)
- 목적지 IP 주소의 네트워크 번호, 서브넷 번호를 라우팅 테이블과 차례로 비교한다.
- 라우팅 업데이트 시에 기본 클래스 단위로 요약해서(auto-summary) 광고한다.
- RIP-1, IGRP

❖ Classless Routing Protocol
- IP 주소 = (서브넷, 호스트)
- 목적지 IP 주소의 서브넷 번호를 라우팅 테이블의 경로들과 차례로 비교한다.
- 기본적으로 Classful 방식으로 라우팅 업데이트를 수행한다.
- no auto-summary: Classless 방식으로 서브네팅된 네트워크들을 광고한다.
- RIP-2, EIGRP, OSPF

❖ RIP 2 라우팅 프로토콜 설정
- router(config)#router rip
- router(config-router)#version 2
- router(config-router)#network *클래스풀_네트워크번호*
- router(config-router)#passive-interface *PC연결_인터페이스*

< 네트워크 구성절차 >

1. PC 세 대, 스위치 세 대, 라우터 세 대를 사용하여 네트워크 구축

```
                192.168.2.0/30                          192.168.2.4/30
      R1----------------------------R2-----------------------------R3
       |                             |                               |
10.1.1.0/24                   172.16.1.0/24                  192.168.1.0/24
```

2. 위의 토폴로지를 참조하여 모든 네트워크에 IP 주소를 설정
   - LAN의 PC는 IP 주소범위의 첫 번째 주소를 할당, Gateway는 마지막 주소를 할당
   - WAN은 프로토콜로 HDLC를, 대역폭으로 128K를 사용하며, 라우터 R2를 DCE로 사용
3. R1, R2, R3에 RIPv2 설정
4. R1, R2, R3의 라우팅 테이블 확인
5. PC 간 Ping 시험

< RIP 네트워크 구성 토폴로지 >

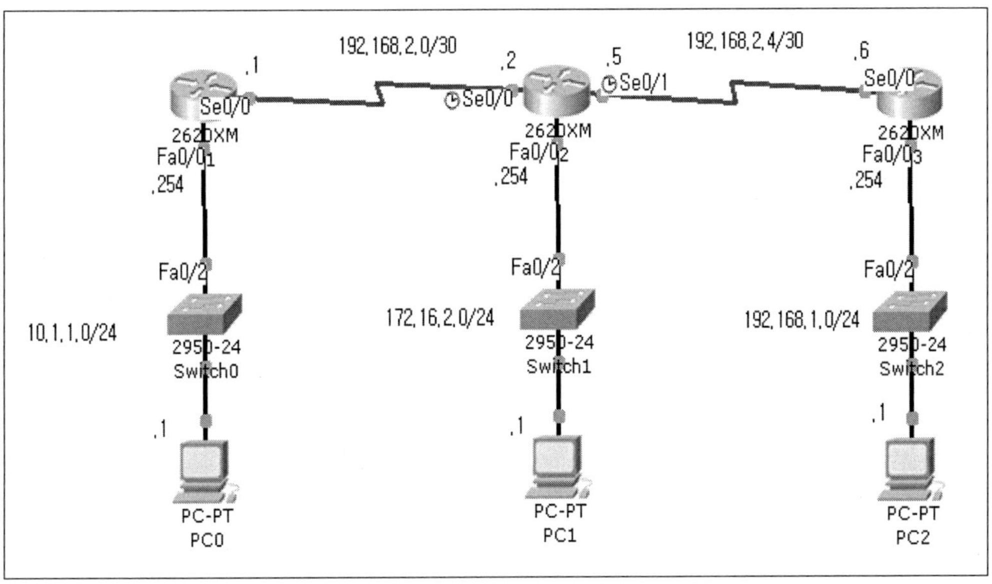

< RIP 설정 실습 >

1. 컴퓨터 PC-PT, 스위치 2950-24, 라우터 2620을 Drag하여 창의 좌측에 Drop한다.
1. PC0의 FastEthernet과 Switch0의 Fa0/1을 Copper Straight-Through로 연결한다.
1. Switch0의 Fa0/2와 R1의 Fa0/0를 Copper Straight-Through 케이블로 연결한다.
1. R1의 W0 슬롯에 WIC-2T 시리얼 모듈을 장착한다.
1. PC1, Switch1, R2를 창의 중앙에 배치하고 위와 같은 과정을 반복한다.
1. PC2, Switch2, R3를 창의 우측에 배치하고 위와 같은 과정을 반복한다.
1. R2의 S0/0와 R1의 S0/0를, R2의 S0/1과 R3의 S0/0를 Serial DCE 케이블로 연결한다.

2. PC0의 Gateway를 10.1.1.254로, IP를 10.1.1.1/24로 설정한다.
2. R1의 Fa0/0의 IP 주소를 10.1.1.254/24로 설정하고 활성화시킨다.

2. PC1, Switch1, R2에 대해서 토폴로지를 참조하여 같은 과정을 반복한다.
2. PC2, Switch2, R3에 대해서 토폴로지를 참조하여 같은 과정을 반복한다.

2. R1의 S0/0의 bandwidth를 128로 설정한다.
2. R1의 encapsulation을 hdlc로 설정한다.
2. R1의 S0/0의 IP 주소를 192.168.2.1/30으로 설정하고 활성화시킨다.

2. R2의 S0/0의 bandwidth를 128로 설정한다.
2. R2의 clock rate을 128000로 설정한다.
2. R2의 encapsulation을 hdlc로 설정한다.
2. R2의 S0/0의 IP 주소를 192.168.2.2/30으로 설정하고 활성화시킨다.

2. R2의 S0/1의 bandwidth를 128로 설정한다.
2. R2의 clock rate을 128000로 설정한다.
2. R2의 encapsulation을 hdlc로 설정한다.
2. R2의 IP 주소를 192.168.2.5/30으로 설정하고 활성화시킨다.

2. R3의 S0/0의 bandwidth를 128로 설정한다.
2. R3의 encapsulation을 hdlc로 설정한다.
2. R3의 IP 주소를 192.168.2.6/30으로 설정하고 활성화시킨다.

R1#sh run

```
interface FastEthernet0/0
 ip address 10.1.1.254 255.255.255.0
 duplex auto
 speed auto
!
interface Serial0/0
 bandwidth 128
 ip address 192.168.2.1 255.255.255.252
```

R3#sh run

```
interface FastEthernet0/0
 ip address 192.168.1.254 255.255.255.0
 duplex auto
 speed auto
!
interface Serial0/0
 bandwidth 128
 ip address 192.168.2.6 255.255.255.252
```

R2#sh run

```
interface FastEthernet0/0
 ip address 172.16.2.254 255.255.255.0
 duplex auto
 speed auto
!
interface Serial0/0
 bandwidth 128
 ip address 192.168.2.2 255.255.255.252
 clock rate 128000
!
interface Serial0/1
 bandwidth 128
 ip address 192.168.2.5 255.255.255.252
 clock rate 128000
```

3. R1, R2, R3에 RIP-2 설정
3. R1(config)#router rip
3. R1(config-router)#version 2
3. R1(config-router)#network 10.0.0.0
3. R1(config-router)#network 192.168.2.0
3. R1(config-router)#passive-interface fa0/0
3. R1(config-router)#no auto-summary

3. R2(config)#router rip
3. R2(config-router)#version 2
3. R2(config-router)#network 172.16.0.0
3. R2(config-router)#network 192.168.2.0
3. R2(config-router)#passive-interface fa0/0
3. R2(config-router)#no auto-summary

3. R3(config)#router rip
3. R3(config-router)#version 2
3. R3(config-router)#network 192.168.1.0
3. R3(config-router)#network 192.168.2.0
3. R3(config-router)#passive-interface fa0/0
3. R3(config-router)#no auto-summary

4. 라우팅 테이블 확인

R1#sh ip route

```
     10.0.0.0/24 is subnetted, 1 subnets
C       10.1.1.0 is directly connected, FastEthernet0/0
     172.16.0.0/24 is subnetted, 1 subnets
R       172.16.2.0 [120/1] via 192.168.2.2, 00:00:01, Serial0/0
R    192.168.1.0/24 [120/2] via 192.168.2.2, 00:00:01, Serial0/0
     192.168.2.0/30 is subnetted, 2 subnets
C       192.168.2.0 is directly connected, Serial0/0
R       192.168.2.4 [120/1] via 192.168.2.2, 00:00:01, Serial0/0
```

R2#sh ip route

```
     10.0.0.0/24 is subnetted, 1 subnets
R       10.1.1.0 [120/1] via 192.168.2.1, 00:00:12, Serial0/0
     172.16.0.0/24 is subnetted, 1 subnets
C       172.16.2.0 is directly connected, FastEthernet0/0
R    192.168.1.0/24 [120/1] via 192.168.2.6, 00:00:16, Serial0/1
     192.168.2.0/30 is subnetted, 2 subnets
C       192.168.2.0 is directly connected, Serial0/0
C       192.168.2.4 is directly connected, Serial0/1
```

R3#sh ip route

```
     10.0.0.0/24 is subnetted, 1 subnets
R       10.1.1.0 [120/2] via 192.168.2.5, 00:00:07, Serial0/0
     172.16.0.0/24 is subnetted, 1 subnets
R       172.16.2.0 [120/1] via 192.168.2.5, 00:00:07, Serial0/0
C    192.168.1.0/24 is directly connected, FastEthernet0/0
     192.168.2.0/30 is subnetted, 2 subnets
R       192.168.2.0 [120/1] via 192.168.2.5, 00:00:07, Serial0/0
C       192.168.2.4 is directly connected, Serial0/0
```

5. PC0에서 PC1으로 Ping 시험

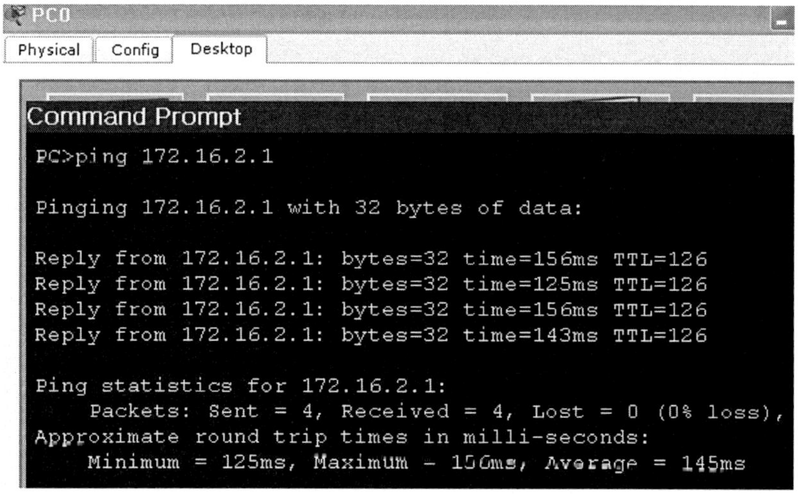

5. PC0에서 PC2로 Ping 시험

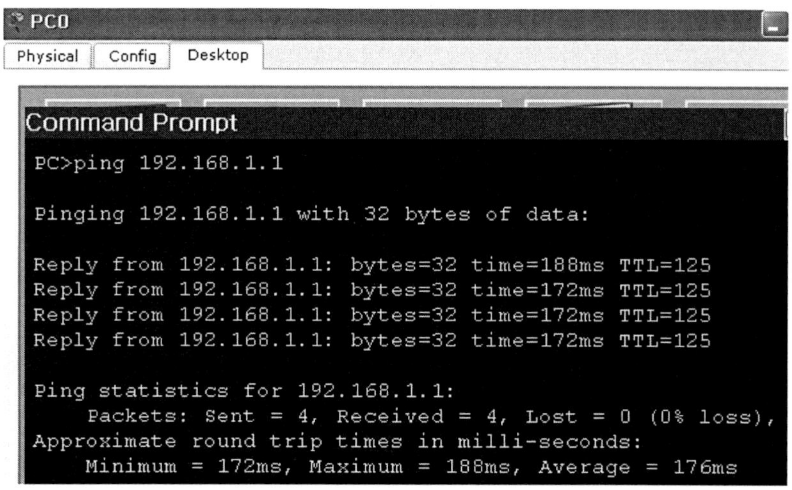

5. PC1에서 PC2로 Ping 시험

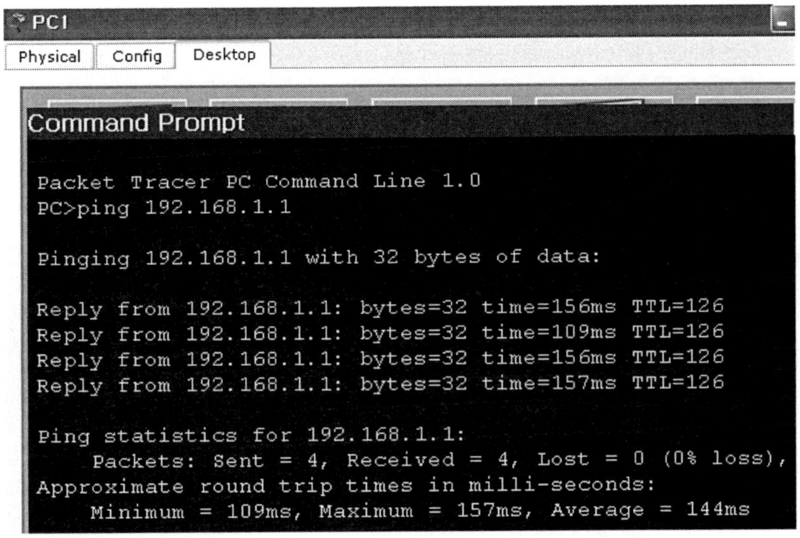

7장

EIGRP

EIRGP 개념

- 시스코(Cisco) 사의 라우팅 프로토콜
  - 다른 회사의 라우터에는 사용 불가
- 라우팅 업데이트
  - 네트워크에 변화가 있을 때, 필요한 부분만 갱신을 수행
- 메트릭 계산
  - 대역폭(bandwidth)과 지연(delay)을 사용하여 계산
- 인증
  - MD5 인증방식을 지원
- 최대 경로
  - 기본적으로 4, 최대 16 개의 동일한 메트릭 값을 갖는 경로를 지원
  - maximum-paths *number*
- 베리언스(variance)
  - 동일하지 않은 메트릭 값을 갖는 다수의 경로를 지원
  - variance *multiplier*

EIRGP 동작 순서

- 이웃(neighbor) 검색
  - 라우터 간에 헬로(Hello) 메시지를 주고 받으면서 이웃을 조사
  - 이웃 관계 성립 조건 : 인증과정 통과, 같은 AS 번호 사용 등
  - 이웃 테이블(neighbor table)에 저장
  - show ip eigrp neighbor : 이웃 테이블 확인
- 토폴로지 교환
  - 이웃 관계가 성립한 라우터 간에 전체 토폴로지 정보를 교환
  - 이후에는 변화되는 정보만을 교환
  - 토폴로지 테이블(topology table)에 저장
  - show ip eigrp topology : 토폴로지 테이블 확인
- 라우팅 테이블 작성
  - 토폴로지 테이블을 분석하여 목적지 서브넷까지의 실제 루트를 결정
  - 라우팅 테이블(routing table)에 저장
  - show ip route eigrp : eigrp 루트 표시(“D”)

EIGRP 최적 루트 계산

- FD(Feasible Distance)
  - 현재 라우터에서 목적지 서브넷까지의 최적경로(비용의 합이 최소)의 비용
- RD(Reported Distance)
  - 현재 라우터의 이웃 라우터에서 목적지 서브넷까지의 경로의 비용

- Successor 라우터
  - 최적경로 상의 다음 홉 라우터
- Feasible successor 라우터
  - 차선경로 상의 다음 홉 라우터
  - 최적루트에 오류가 발생한 경우에 대비한 백업 루트
  - FD > RD인 경로 상의 다음 홉만이 Feasible Successor 자격을 가짐

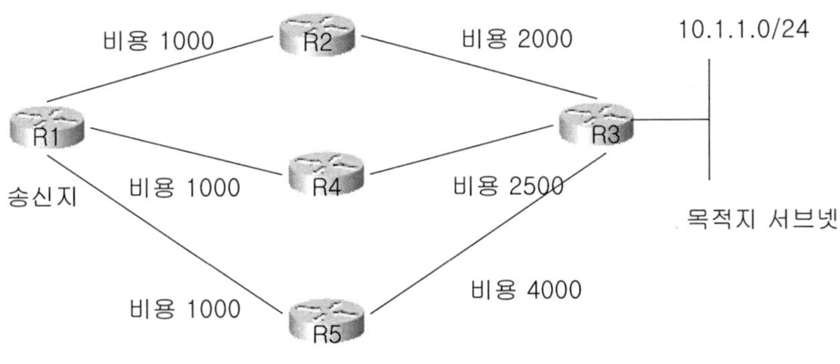

- FD(Feasible Distance)
  - 3000
  - "R1 - R2 - R3 - 목적지" 최적 루트의 비용
- RD(Reported Distance)
  - 2500 : R4에서 목적지까지의 경로의 비용
  - 4000 : R5에서 목적지까지의 경로의 비용
- Successor 라우터
  - R2
- Feasible successor 라우터
  - R4
  - FD > RD를 만족하는 것은 2500
  - "R1 - R4 - R3"가 차선루트

EIGRP 설정

- Router(config)#router eigrp AS번호
  - EIGRP 설정모드로 이동
- Router(config-router)#network classful_network_number
  - 인접 라우터로 광고할 자신의 서브넷을 클래스풀 방식으로 지정
- no auto-summary
  - 자동축약 기능 해제
  - Classless 방식으로 서브네팅된 네트워크들을 축약하지 않은 채 광고

EIGRP 설정 실습

< 기본지식 >

❖ EIGRP 라우팅 프로토콜의 특징
- 시스코 전용 라우팅 프로토콜이다.
- Metric 값의 계산에 Bandwidth, Delay, Load, Reliability를 혼용한다.
- 기본적으로 Classful 지원 (no auto-summary로 Classless 지원)

❖ no auto-summary
- 라우팅 업데이트 시에 서브네팅된 네트워크들을 제대로 광고하기 위해 설정해야 한다.

❖ EIGRP 라우팅 프로토콜 설정
- router(config)#router eigrp AS_number
- router(config-router)#network *classful_network_number*
- router(config-router)#no auto-summary

< EIGRP 네트워크 구성절차 >

1. 장비 선택 및 연결
2. 네트워크 설계 및 IP 주소 설정
3. EIGRP 프로토콜 설정 및 확인
4. 라우팅 테이블 확인
5. 네트워크 통신 모의시험

< EIGRP 네트워크 구성 토폴로지 >

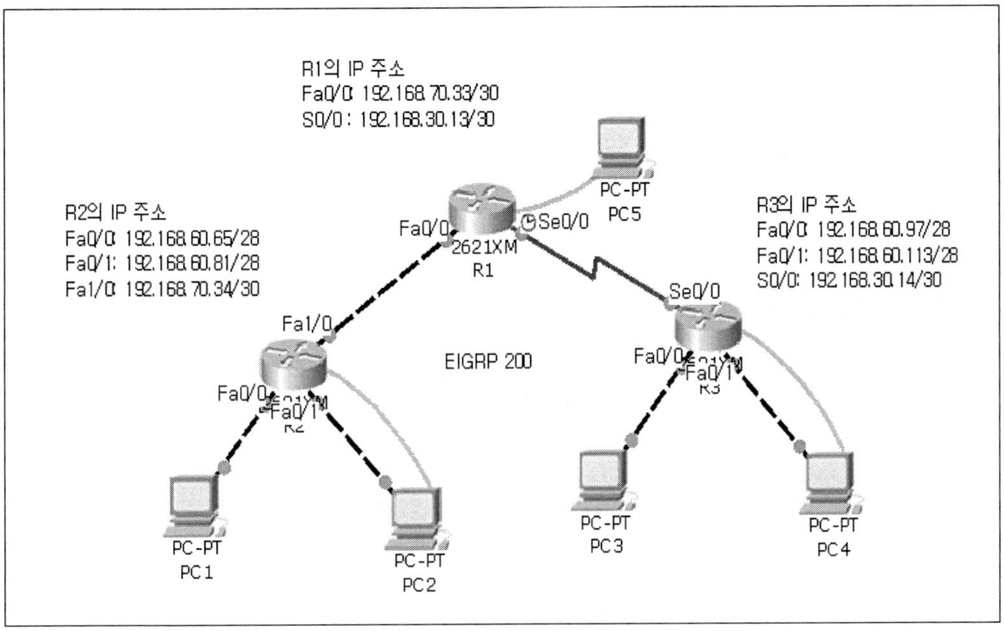

< EIGRP 설정 실습 >

1. 라우터 R1, R2, R3를 12시에서 출발하여 시계 반대방향으로 삼각형 형태로 배치한다.
1. 라우터 R1, R3의 W0 슬롯에 WIC-2T 모듈을 장착한다.
1. 라우터 R2의 좌측 빈 슬롯에 NM-1FE2W 모듈을 장착한다.

1. PC5와 R1을 콘솔 케이블로 연결한다.
1. PC1, PC2를 R2의 Fa0/0, Fa0/1에 연결한다. PC2와 R2를 콘솔 케이블로 연결한다.
1. PC3, PC4를 R3의 Fa0/0, Fa0/1에 연결한다. PC4와 R3을 콘솔 케이블로 연결한다.
1. R1의 Fa0/0와 R2의 Fa1/0를 연결하고, R1의 S0/0와 R3의 S0/0를 Serial DCE로 연결한다.

2. 6 개의 서브넷을 설정하고 PC와 Router에 IP 주소를 설정한다.
2. R1의 Fa0/0에 192.168.70.33/30, R1의 S0/0에 192.168.30.13/30 서브넷을 할당한다.
2. R2의 Fa0/0에 192.168.60.65/28, R2의 Fa0/1에 192.168.60.81/28 서브넷을 할당한다.
2. R3의 Fa0/0에 192.168.60.97/28, R3의 Fa0/1에 192.168.60.113/28 서브넷을 할당한다.
2. PC1, PC2, PC3, PC4에 호스트 번호 66, 82, 98, 114를 할당한다.
2. R1의 Fa0/0, S0/0에 호스트 번호 33, 13을 할당한다.
2. R1의 S0/0에 Clock Rate을 128000으로 설정한다.
2. R2의 Fa0/0, Fa0/1, Fa1/0에 호스트 번호 65, 81, 34를 할당한다.
2. R3의 Fa0/0, Fa0/1, S0/0에 호스트 번호 97, 113, 14를 할당한다.

3. R1, R2, R3에 EIGRP 설정
3. R1(config)#router eigrp 200
3. R1(config-router)#network 192.168.70.0
3. R1(config-router)#network 192.168.30.0
3. R1(config-router)#no auto-summary

3. R2(config)#router eigrp 200
3. R2(config-router)#network 192.168.60.0
3. R2(config-router)#network 192.168.70.0
3. R2(config-router)#no auto-summary

3. R3(config)#router eigrp 200
3. R3(config-router)#network 192.168.60.0
3. R3(config-router)#network 192.168.30.0
3. R3(config-router)#no auto-summary

R1#sh run

```
interface FastEthernet0/0
 ip address 192.168.70.33 255.255.255.252
 duplex auto
 speed auto
!
interface FastEthernet0/1
 no ip address
 duplex auto
 speed auto
 shutdown
!
interface Serial0/0
 ip address 192.168.30.13 255.255.255.252
 clock rate 128000
!
interface Serial0/1
 no ip address
 shutdown
!
router eigrp 200
 network 192.168.70.0
 network 192.168.30.0
 no auto-summary
```

R2#sh run

```
interface FastEthernet0/0
 ip address 192.168.60.65 255.255.255.240
 duplex auto
 speed auto
!
interface FastEthernet0/1
 ip address 192.168.60.81 255.255.255.240
 duplex auto
 speed auto
!
interface FastEthernet1/0
 ip address 192.168.70.34 255.255.255.252
 duplex auto
 speed auto
!
router eigrp 200
 network 192.168.60.0
 network 192.168.70.0
 no auto-summary
```

R3#sh run

```
interface FastEthernet0/0
 ip address 192.168.60.97 255.255.255.240
 duplex auto
 speed auto
!
interface FastEthernet0/1
 ip address 192.168.60.113 255.255.255.240
 duplex auto
 speed auto
!
interface Serial0/0
 ip address 192.168.30.14 255.255.255.252
!
interface Serial0/1
 no ip address
 shutdown
!
router eigrp 200
 network 192.168.60.0
 network 192.168.30.0
 no auto-summary
```

4. R1의 라우팅 테이블 확인

```
R1#sh ip route
Codes: C - connected, S - static, I - IGRP, R - RIP, M - mobile, B - BGP
       D - EIGRP, EX - EIGRP external, O - OSPF, IA - OSPF inter area
       N1 - OSPF NSSA external type 1, N2 - OSPF NSSA external type 2
       E1 - OSPF external type 1, E2 - OSPF external type 2, E - EGP
       i - IS-IS, L1 - IS-IS level-1, L2 - IS-IS level-2, ia - IS-IS inter area
       * - candidate default, U - per-user static route, o - ODR
       P - periodic downloaded static route

Gateway of last resort is not set

     192.168.30.0/30 is subnetted, 1 subnets
C       192.168.30.12 is directly connected, Serial0/0
     192.168.60.0/28 is subnetted, 4 subnets
D       192.168.60.64 [90/30720] via 192.168.70.34, 00:06:49, FastEthernet0/0
D       192.168.60.80 [90/30720] via 192.168.70.34, 00:06:49, FastEthernet0/0
D       192.168.60.96 [90/2172416] via 192.168.30.14, 00:04:12, Serial0/0
D       192.168.60.112 [90/2172416] via 192.168.30.14, 00:04:12, Serial0/0
     192.168.70.0/30 is subnetted, 1 subnets
C       192.168.70.32 is directly connected, FastEthernet0/0
```

4. R2의 라우팅 테이블 확인

```
R2#sh ip route
Codes: C - connected, S - static, I - IGRP, R - RIP, M - mobile, B - BGP
       D - EIGRP, EX - EIGRP external, O - OSPF, IA - OSPF inter area
       N1 - OSPF NSSA external type 1, N2 - OSPF NSSA external type 2
       E1 - OSPF external type 1, E2 - OSPF external type 2, E - EGP
       i - IS-IS, L1 - IS-IS level-1, L2 - IS-IS level-2, ia - IS-IS inter area
       * - candidate default, U - per-user static route, o - ODR
       P - periodic downloaded static route

Gateway of last resort is not set

     192.168.30.0/30 is subnetted, 1 subnets
D       192.168.30.12 [90/2172416] via 192.168.70.33, 00:06:07, FastEthernet1/0
     192.168.60.0/28 is subnetted, 4 subnets
C       192.168.60.64 is directly connected, FastEthernet0/0
C       192.168.60.80 is directly connected, FastEthernet0/1
D       192.168.60.96 [90/2174976] via 192.168.70.33, 00:05:25, FastEthernet1/0
D       192.168.60.112 [90/2174976] via 192.168.70.33, 00:05:25, FastEthernet1/0

     192.168.70.0/30 is subnetted, 1 subnets
C       192.168.70.32 is directly connected, FastEthernet1/0
```

4. R3의 라우팅 테이블 확인

```
R3#sh ip route
Codes: C - connected, S - static, I - IGRP, R - RIP, M - mobile, B - BGP
       D - EIGRP, EX - EIGRP external, O - OSPF, IA - OSPF inter area
       N1 - OSPF NSSA external type 1, N2 - OSPF NSSA external type 2
       E1 - OSPF external type 1, E2 - OSPF external type 2, E - EGP
       i - IS-IS, L1 - IS-IS level-1, L2 - IS-IS level-2, ia - IS-IS inter area
       * - candidate default, U - per-user static route, o - ODR
       P - periodic downloaded static route

Gateway of last resort is not set

     192.168.30.0/30 is subnetted, 1 subnets
C       192.168.30.12 is directly connected, Serial0/0
     192.168.60.0/28 is subnetted, 4 subnets
D       192.168.60.64 [90/2174976] via 192.168.30.13, 00:06:00, Serial0/0
D       192.168.60.80 [90/2174976] via 192.168.30.13, 00:06:00, Serial0/0
C       192.168.60.96 is directly connected, FastEthernet0/0
C       192.168.60.112 is directly connected, FastEthernet0/1
     192.168.70.0/30 is subnetted, 1 subnets
D       192.168.70.32 [90/2172416] via 192.168.30.13, 00:06:00, Serial0/0
```

5. PC1에서 PC2, PC3, PC4로 Ping 시험

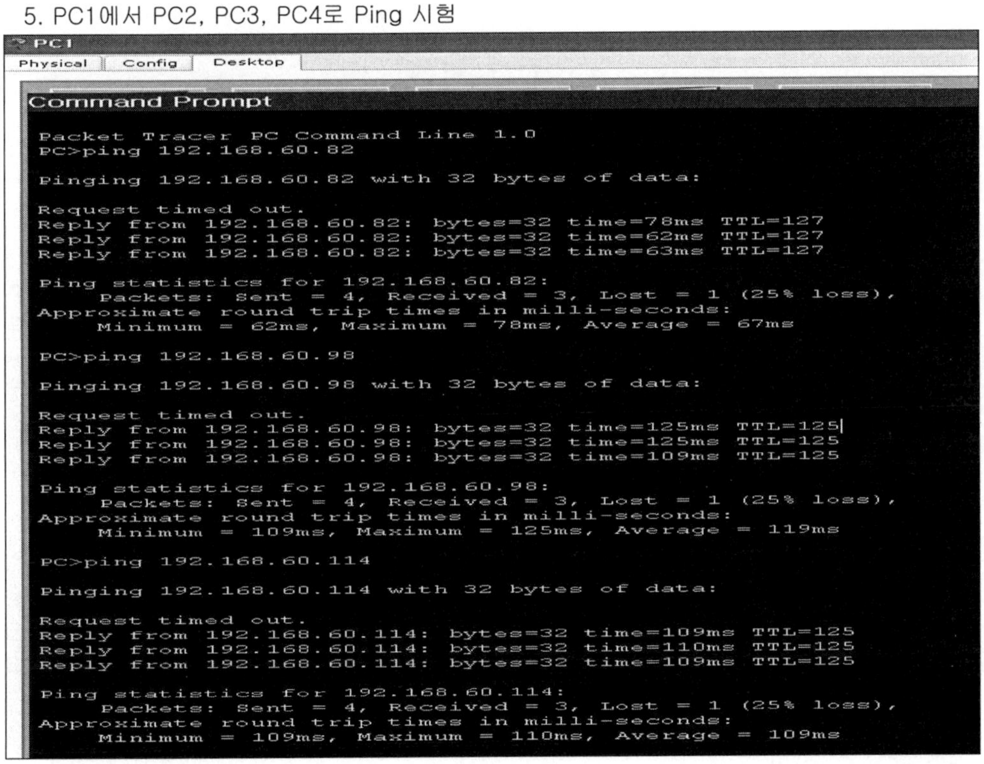

8장

OSPF

OSPF 개념

- OSPF 개요
  - IETF에서 지정한 인터넷 표준 라우팅 프로토콜 중의 하나
  - 링크상태 방식의 IGP 라우팅 프로토콜
- 라우팅 업데이트
  - 네트워크에 변화가 있을 때, 필요한 부분만 갱신을 수행
- 메트릭
  - (참조 대역폭 / 인터페이스 대역폭)에 근거하여 계산
  - 참조 대역폭의 기본값은 100Mbps
- 인증
  - 0 : 인증을 사용하지 않음, 1 : 단순 텍스트, 2 : MD5 방식
- 로드 밸런싱
  - maximum-paths *number*
  - *number* 개수 만큼의 비용이 다른 루트를 라우팅 테이블에 등록 가능

OSPF 동작 순서

- 네이버 관계 수립
  - OSPF 라우터 간에 헬로 패킷을 교환
- DR, BDR 선출 (브로드캐스트 LAN의 경우)
  - DR (Designated Router): 해당 에어리어 내에 있는 모든 라우터의 정보를 보유
  - 가장 높은 우선권을 갖는 라우터
  - 우선권이 같은 경우, RID가 높은 라우터
  - BDR(Backup DR): 두 번째 우선권을 갖는 라우터로서 DR의 장애 시 역할 대체
- 토폴로지 정보 수집
  - 라우터 간에 LSA 패킷을 전송하여 토폴로지 정보를 교환
  - LSDB 토폴로지 데이터베이스에 저장
- 라우팅 테이블 작성
  - SPF (Shortest Path First) 또는 Dijkstra 알고리즘을 수행
  - 최적경로를 선택하고 라우팅 테이블에 등록

OSPF 네이버(Neighbors)

- RID(OSPF 라우터 아이디)
  - OSPF 라우터를 식별

- 네이버 조건
  - 서브넷 마스크, 서브넷 번호, OSPF 에어리어(area) ID 등의 파라미티 일치
  - 인증검사 통과

- 네이버 상태
  - 다운(down) 상태: 인터페이스가 작동하지 않고 있음
  - 초기(Init) 상태: 인터페이스가 기동되어, 자신의 RID만을 네이버에 전달
  - 투-웨이(two-way) 상태: 자신의 RID와 더불어 상대방의 RID도 전송
  - 풀(full) 상태: 동일한 LSDB를 갖게 되어 완전한 네이버 상태(fully adjacent)

OSPF 토폴로지 데이터베이스 교환

1. DR(Designated Router) 및 BDR(Backup DR) 라우터를 선출
2. 라우터 간에 LSA 패킷을 교환하여 완전한 네이버 상태 확립
3. 라우터는 네트워크 상태 변화를 모니터하고 주기적으로 LSA를 플러드

- DR(Designated Router) 선출
  - 점대점(Point-to-point) 시리얼 링크 : DR을 선출하지 않음
  - 브로드캐스트 랜(LAN) : DR을 선출

라우팅 테이블 구축

- OSPF 데이터베이스 혹은 LSDB
  - 서브넷 번호와 이들 서브넷에 연결된 라우터의 목록으로 구성
- Dijkstra SPF 알고리즘
  - 각 서브넷 까지의 최소비용 경로(the shortest path or the least-cost route) 탐색
- 각 서브넷까지의 최적경로(the best route)를 라우팅 테이블에 등록

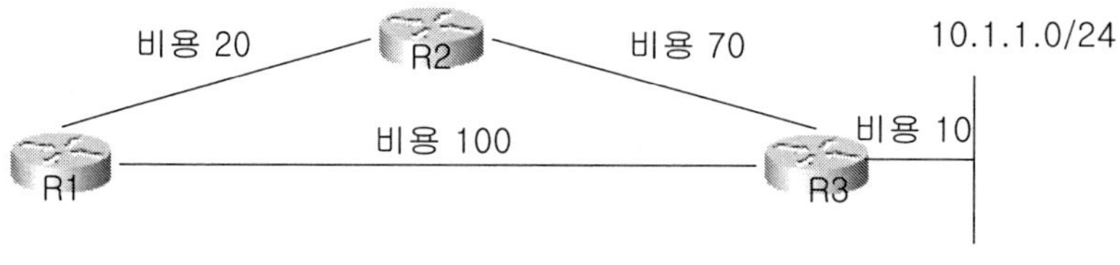

- 루트 R1 - R2 - R3의 비용 = 20 + 70 + 10 = 100
- 루트 R1 - R3의 비용 = 100 + 10 = 110
- R1에서 서브넷 10.1.1.0/24에 도달하기 위한 최적경로 : R1 - R2 - R3
- 다음 홉 라우터 : R2

OSPF 에어리어(Area)

- OSPF 에어리어(Area)
  - 네트워크를 작은 단위로 분할

- OSPF 에어리어(Area)의 장점
  - 메모리 절약
  - CPU 처리시간 단축
  - SPF 알고리즘의 발생빈도 감소
  - LSA에 소모되는 대역폭 감축
  - 라우팅 테이블의 크기 감소

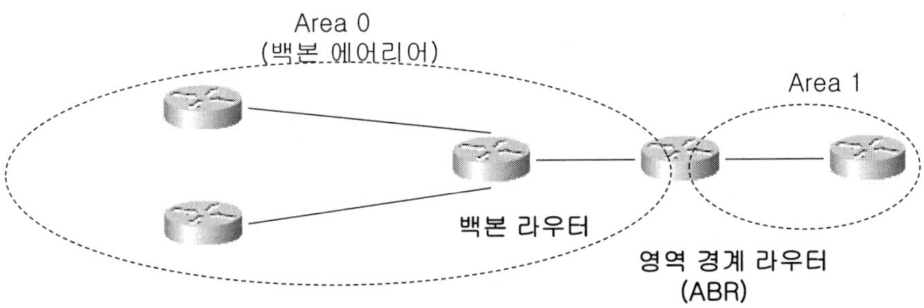

- ABR 라우터는 Area 0의 서브넷들에 관한 정보를 요약하여 Area 1에 전송
- ABR 라우터는 양쪽 에어리어의 토폴로지 정보를 갖고 있으며,
- 타 라우터보다 처리속도가 빠르고, 메모리를 많이 갖고 있음

OSPF 단일영역 설정

- Router(config)#router ospf *process-id*
  - OSPF 설정모드로 진입
- Router(config-router)#network *ip-address wildcard-mask* area *area-id*
  - IP 주소와 와일드카드 마스크에 일치하는 서브넷을 지정된 영역에 추가
  - 직접 연결되어 있는 서브넷을 브로드캐스트

- router ospf 1
  - 프로세스 아이디 1인 OSPF 설정모드로 진입
- network 10.0.0.0 0.255.255.255 area 0
  - 첫 번째 옥테트가 10으로 시작되는 모든 서브넷을 영역 0에 할당
- network 10.1.1.1 0.0.0.0 area 0
  - IP 주소가 10.1.1.1인 인터페이스만을 영역 0에 추가

OSPF 다수영역 설정

- network 10.1.4.1 0.0.0.0 area 1
  - IP 주소가 10.1.4.1인 인터페이스를 영역 1에 할당
- network 10.1.1.1 0.0.0.0 area 0
  - IP 주소가 10.1.1.1인 인터페이스를 영역 0에 할당
- show ip route ospf
  - OSPF를 통해 알게 된 루트를 출력

9장

라우팅 문제 해결

호스트 네트워킹 명령어

명령어	기능
ipconfig /all	IP 주소 설정정보를 표시
ipconfig /release	DHCP 임대 IP주소를 반납
ipconfig /renew	DHCP를 사용하여 IP주소를 취득
nslookup *name*	지정한 name에 대해서 DNS 요청을 전송
arp -a	호스트의 ARP 캐시를 표시
arp -d	호스트의 ARP 캐시를 삭제
netstat -rn	호스트의 라우팅 테이블을 표시

호스트 라우팅 문제해결

- 1단계: 같은 서브넷에 있는 호스트 IP주소에 ping을 시험
  - 실패하면, 두 호스트의 IP주소와 마스크 설정이 잘못되었거나,
  - 잘되었지만 이더넷에 문제가 발생한 경우
- 2단계: 다른 서브넷에 있는 호스트 IP주소에 ping을 시험
  - 기본 게이트웨이로 ping을 시험
  - 기본 게이트웨이의 다른 인터페이스로 ping을 시험
  - 실패하면, 호스트의 기본 게이트웨이 설정과 기본 게이트웨이의 설정이 일치하지 않거나,
  - 일치한다면, LAN의 1 혹은 2계층에 문제가 발생한 경우,
  - 설정이 일치하고, LAN에도 문제가 없다면, 라우터의 다른 인터페이스의 설정이 잘못된 것

Ping 시험 결과

ICMP 메시지 유형	설명
Destination Unreachable	패킷을 목적지에 전달할 수 없음
Time Exceeded	패킷의 목적지 전달시간이 초과되어 폐기되었음
Redirect	다른 라우터가 해당 패킷에 대해서 더 좋은 루트를 갖고 있으므로, 그 라우터를 기본 게이트웨이로 지정

라우터의 라우팅 테이블 확인

- Router#show ip route

```
        1       2                  3
   10.0.0.0 / 24 is subnetted, 3 subnets
C    10.1.13.0 is directly connected, FastEthernet0/1
C    10.1.33.0 is directly connected, Serial0/1/0
R    10.1.1.0  [120/1] via 10.1.33.1, 00:00:04, Serial0/1/0
4       5      6   7          8          9           10
```

번호	항목	값	설명
1	클래스 네트워크 번호	10.0.0.0	클래스풀 네트워크 번호를 표시
2	프리픽스 길이	/24	프리픽스 형식의 서브넷 마스크를 표시
3	서브넷 개수	3개	네트워크(10.0.0.0)의 서브넷 개수를 표시
4	레전드 코드(legend code)	R, C	루트 정보의 소스를 표시
5	서브넷 번호	10.1.1.0	해당 루트의 목적지 서브넷 번호를 표시
6	관리거리(Administrative Distance)	120	라우팅 프로토콜의 관리거리 AD 값을 표시
7	메트릭	1	해당 루트에 대한 메트릭 값을 표시
8	넥스트 홉 라우터	10.1.33.1	해당 루트의 인접 라우터의 IP 주소
9	타이머	00:00:04	라우팅 업데이트 경과 시간
10	출력 인터페이스(outgoing interface)	Serial0/1/0	해당 루트의 출력 인터페이스

4 부 LAN 기술 고급

10장 가상랜(VLAN)
11장 STP 프로토콜
12장 무선랜 (WLAN)

10 장

가상랜(VLAN)

10-1 VLAN 개념

- VLAN 개요
- VLAN 트렁크
- VLAN 생성 및 액세스 포트 설정
- VLAN 트렁크 포트 설정

VLAN 개요

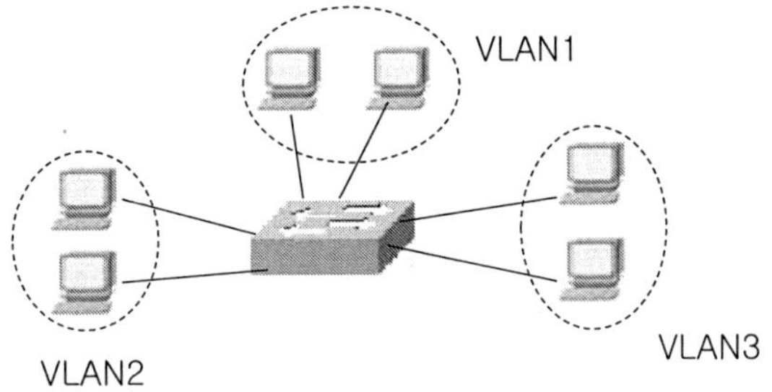

- LAN 스위치의 사용자들을 소규모 독립된 망 그룹으로 분리
- 함께 일하는 사용자들 단위로 묶음으로써 망 설계의 유연성 확보

VLAN 트렁크

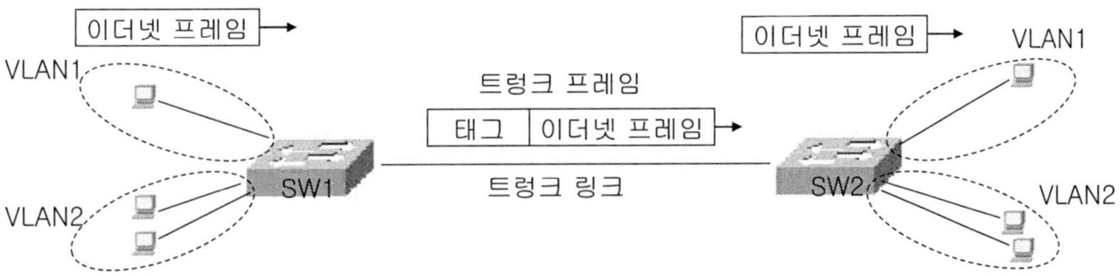

- 액세스 포트
  - PC가 연결되는 포트
  - 하나의 VLAN 데이터 전송
- 트렁크 포트
  - 스위치 또는 라우터가 연결되는 포트
  - 다수의 VLAN 데이터 전송
- VLAN 트렁크
  - 트렁크 포트에서 VLAN을 구별하기 위해 태그를 붙이는 기법
  - 특정 VLAN의 프레임에 태그(Tag)를 붙임
  - 태깅 기법 : ISL (Inter-Switch Link), IEEE 802.1Q

- ISL
  - Cisco의 트렁크
  - 이더넷 프레임 외부에 태그(ISL 방식의 VLAN 헤더)를 부착

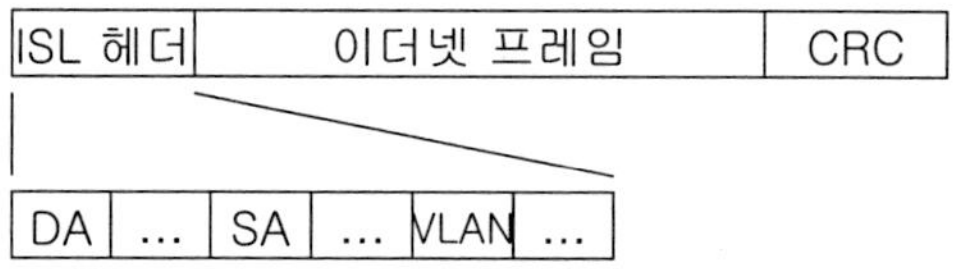

- ISL 방식의 VLAN 헤더
  - 26 바이트
  - VLAN : VLAN 번호
  - DA : 수신 스위치의 MAC 주소
  - SA : 송신 스위치의 MAC 주소

- IEEE 802.1Q
  - IEEE 표준 트렁크
  - 이더넷 프레임 내부에 태그(IEEE 방식의 VLAN 헤더)를 부착

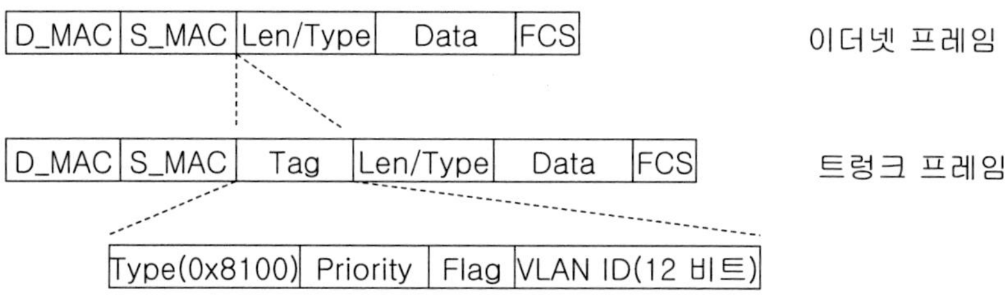

- IEEE 802.1Q 방식의 VLAN 헤더
  - 4 바이트
  - VLAN ID : VLAN 번호
  - D_MAC : 목적지의 MAC 주소
  - S_MAC : 송신지의 MAC 주소

- ISL과 802.1Q 비교

기능	ISL	802.1Q
정의 기구	Cisco	IEEE
이더넷 프레임 전체를 인캡슐레이트	예	아니오
일반구간(1-1005)과 확장구간(1006-4094) VLAN을 지원	예	예
Native VLAN을 지원	아니오	예

- Native VLAN
  - 태그를 붙이지 않고 VLAN 프레임을 전송
  - IEEE 802.1Q 트렁크 포트에서 지원
  - 기본적으로 VLAN 1이 Native VLAN으로 설정되어 있음
  - 초기화 시 스위치의 모든 포트는 VLAN1에 할당되어 있음
  - 송신 스위치는 Native Vlan으로부터의 프레임에는 태그를 부착하지 않음
  - 수신 스위치는 태그가 부착되지 않은 프레임을 Native Vlan으로 처리

VLAN 생성 및 액세스 포트 설정

- VLAN 생성
  - Switch(config)# vlan *vlan-id*
  - (옵션)Switch(config-vlan)#name *vlan_name*
  - *vlan-id* : 새 vlan의 식별 번호
  - *vlan_name* : vlan의 이름, 설정하지 않으면 VLAN*vlan-id*
- 액세스 포트에 VLAN 할당
  - Switch(config)#int *interface_number*
  - (옵션)Switch(config-if)#switchport mode access
  - Switch(config-if)#switchport access vlan *vlan_id*
  - 해당 인터페이스를 액세스 포트로 설정하고,
  - 해당 인터페이스에 할당하기 위한 VLAN 번호를 지정

VLAN 트렁크 포트 설정

- 트렁크 포트 설정
  - Switch(config)#int *interface_number*
  - Switch(config-if)#switchport mode trunk
  - 두 스위치를 연결하는 인터페이스를 트렁크 포트로 설정
  - 기본적으로 dot1q 트렁크를 사용
- 트렁크 포트 확인
  - Switch#show interfaces trunk

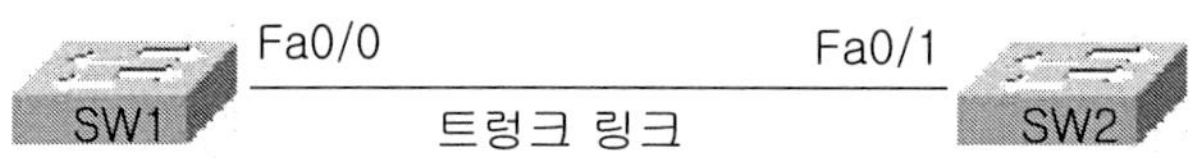

- SW1 트렁크 포트 설정
  - Switch(config)#int fa0/0
  - Switch(config-if)#switchport mode trunk
- SW2 트렁크 포트 설정
  - Switch(config)#int fa0/1
  - Switch(config-if)#switchport mode trunk

VLAN 설정 실습

< 기본지식 >

❖ VLAN 생성
- 스위치에서 VLAN을 생성한다.
- switch(config)#vlan *vlan_ID*

❖ VLAN에 액세스 포트 추가
- PC가 접속되는 스위치의 인터페이스를 VLAN에 추가한다.
- switch(config)#int *interface_number*
- switch(config-if)#switchport mode access
- switch(config-if)#switchport access vlan *vlan_ID*

❖ 트렁크 포트 설정
- 2개의 스위치 간을 연결하는 인터페이스를 트렁크 포트로 설정한다.
- switch(config)#int *interface_number*
- switch(config-if)#switchport mode trunk

< VLAN 네트워크 구성절차 >

1. 장비 선택 및 연결
2. 스위치에 VLAN 생성
3. 포트를 VLAN에 추가
4. 트렁크 포트 설정
5. VLAN 서브넷 설계 및 PC의 IP 주소 설정
6. VLAN 통신 시험

< VLAN 설정 토폴로지 >

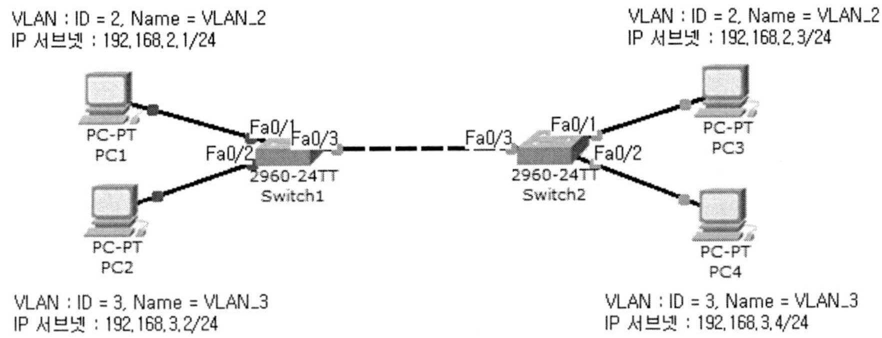

< VLAN 설정 실습 >

1. 2 대의 스위치를 연결하고 각 스위치에 2 대의 PC를 연결
1. Switch1의 fa0/1, fa0/2에 PC1, PC2를 연결한다.
1. Switch2의 fa0/1, fa0/2에 PC3, PC4를 연결한다.
1. Switch1의 fa0/3과 Switch2의 fa0/3을 연결한다.

2. 스위치에 VLAN 생성
2. Switch1에 VLAN 2, VLAN 3을 생성한다.
2. Switch1(config)#vlan 2
2. Switch1(config-vlan)#name VLAN_2
2. 마찬가지 방법으로 VLAN 3을 생성하고 설정내용을 저장한다.
2. 마찬가지 방법으로 switch2에 VLAN 2, VLAN 3을 생성한다.

3. 포트를 VLAN에 추가
3. Switch1의 fa0/1, fa0/2를 VLAN 2, VLAN 3에 할당한다.
3. Switch1(config-vlan)#int fa0/1
3. Switch1(config-if)#switchport mode access
3. Switch1(config-if)#switchport access vlan 2
3. Switch1(config-if)#int fa0/2
3. Switch1(config-if)#switchport mode access
3. Switch1(config-if)#switchport access vlan 3
3. Switch1(config-if)#do show vlan
3. 마찬가지 방법으로 Switch2의 fa0/1, fa0/2를 VLAN 2, VLAN 3에 할당한다.

```
Switch>en
Switch#config t
Enter configuration commands, one per line.  End with CNTL/Z.
Switch(config)#hostname Switch1
Switch1(config)#vlan 2
Switch1(config-vlan)#name VLAN_2
Switch1(config-vlan)#vlan 3
Switch1(config-vlan)#name VLAN_3
Switch1(config-vlan)#int fa0/1
Switch1(config-if)#switch
Switch1(config-if)#switchport mode access
Switch1(config-if)#switchport access vlan 2
Switch1(config-if)#int fa0/2
Switch1(config-if)#switchport mode access
Switch1(config-if)#switchport access vlan 3
Switch1(config-if)#do show vlan

VLAN Name                             Status    Ports
---- -------------------------------- --------- -------------------------------
1    default                          active    Fa0/3, Fa0/4, Fa0/5, Fa0/6
                                                Fa0/7, Fa0/8, Fa0/9, Fa0/10
                                                Fa0/11, Fa0/12, Fa0/13, Fa0/14
                                                Fa0/15, Fa0/16, Fa0/17, Fa0/18
                                                Fa0/19, Fa0/20, Fa0/21, Fa0/22
                                                Fa0/23, Fa0/24, Gig1/1, Gig1/2
2    VLAN_2                           active    Fa0/1
3    VLAN_3                           active    Fa0/2
```

```
Switch>en
Switch#config t
Enter configuration commands, one per line.  End with CNTL/Z.
Switch(config)#hostname Switch2
Switch2(config)#vlan 2
Switch2(config-vlan)#name VLAN_2
Switch2(config-vlan)#vlan 3
Switch2(config-vlan)#name VLAN_3
Switch2(config-vlan)#int fa0/1
Switch2(config-if)#switchport mode access
Switch2(config-if)#switchport access vlan 2
Switch2(config-if)#int fa0/2
Switch2(config-if)#switchport mode access
Switch2(config-if)#switchport access vlan 3
Switch2(config-if)#do show vlan

VLAN Name                             Status    Ports
---- -------------------------------- --------- -------------------------------
1    default                          active    Fa0/3, Fa0/4, Fa0/5, Fa0/6
                                                Fa0/7, Fa0/8, Fa0/9, Fa0/10
                                                Fa0/11, Fa0/12, Fa0/13, Fa0/14
                                                Fa0/15, Fa0/16, Fa0/17, Fa0/18
                                                Fa0/19, Fa0/20, Fa0/21, Fa0/22
                                                Fa0/23, Fa0/24, Gig1/1, Gig1/2
2    VLAN_2                           active    Fa0/1
3    VLAN_3                           active    Fa0/2
```

4. 트렁크 포트 설정
4. Switch1의 fa0/3을 트렁크 포트로 설정한다.
4. Switch1(config-if)#int fa0/3
4. Switch1(config-if)#switchport mode trunk
4. Switch1#sh interfaces trunk
4. 마찬가지 방법으로 Switch2의 fa0/3을 트렁크 포트로 설정한다.

5. VLAN 서브넷 설계 및 PC의 IP 주소 설정
5. VLAN 2에는 192.168.2.0/24 서브넷을 할당한다.
5. VLAN 2의 PC1, PC3의 IP 주소를 192.168.2.1/24, 192.168.2.3/24로 설정한다.
5. VLAN 3에는 192.168.3.0/24 서브넷을 할당한다.
5. VLAN 3의 PC2, PC4의 IP 주소를 192.168.3.2/24, 192.168.3.4/24로 설정한다.

6. 동일 VLAN 내의 PC 간에 통신을 시험한다.
6. VLAN 2의 PC1과 PC3, VLAN 3의 PC2와 PC4 간에 ping을 시험한다(성공!).
6. 다른 VLAN 간의 PC 간에 통신을 시험한다.
6. VLAN 2의 PC1과 VLAN 3의 PC2 간에 ping을 시험한다(실패!).

```
Switch1(config-if)#int fa0/3
Switch1(config-if)#switchport mode trunk

%LINEPROTO-5-UPDOWN: Line protocol on Interface FastEthernet0/3, changed state t
o down

%LINEPROTO-5-UPDOWN: Line protocol on Interface FastEthernet0/3, changed state t
o up

Switch1(config-if)#^Z
Switch1#
%SYS-5-CONFIG_I: Configured from console by console

Switch1#sh interfaces trunk
Port        Mode         Encapsulation  Status        Native vlan
Fa0/3       on           802.1q         trunking      1
```

```
Switch2(config-if)#int fa0/3
Switch2(config-if)#switchport mode trunk
Switch2(config-if)#^Z
Switch2#
%SYS-5-CONFIG_I: Configured from console by console

Switch2#sh interfaces trunk
Port        Mode         Encapsulation  Status        Native vlan
Fa0/3       on           802.1q         trunking      1
```

```
Command Prompt
PC>ping 192.168.2.3

Pinging 192.168.2.3 with 32 bytes of data:

Reply from 192.168.2.3: bytes=32 time=203ms TTL=128
Reply from 192.168.2.3: bytes=32 time=94ms TTL=128
Reply from 192.168.2.3: bytes=32 time=94ms TTL=128
Reply from 192.168.2.3: bytes=32 time=94ms TTL=128

Ping statistics for 192.168.2.3:
    Packets: Sent = 4, Received = 4, Lost = 0 (0% loss),
Approximate round trip times in milli-seconds:
    Minimum = 94ms, Maximum = 203ms, Average = 121ms

PC>ping 192.168.3.4

Pinging 192.168.3.4 with 32 bytes of data:

Request timed out.
Request timed out.
Request timed out.
Request timed out.

Ping statistics for 192.168.3.4:
    Packets: Sent = 4, Received = 0, Lost = 4 (100% loss),

PC>ping 192.168.3.2

Pinging 192.168.3.2 with 32 bytes of data:

Request timed out.
Request timed out.
Request timed out.
Request timed out.
```

10-2 VLAN 간 통신

- VLAN 간 통신 개요
- VLAN 간 통신 설정

VLAN 간 통신 개요(Router on a Stick)

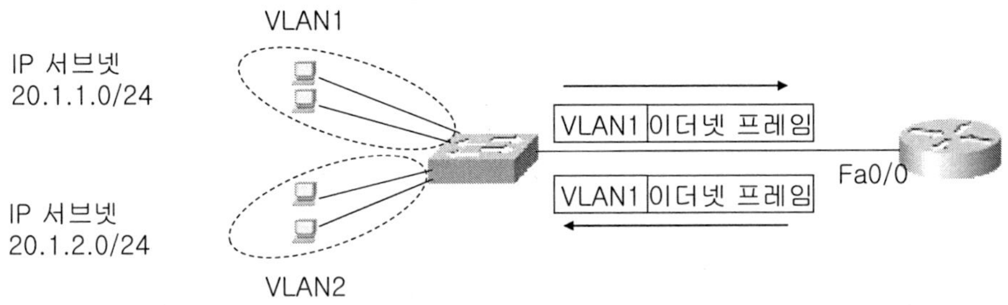

< VLAN 간의 라우팅 >

- Router on a stick
  - 서로 다른 VLAN 간에 트래픽 전송
  - 스위치의 트렁크 포트에 라우터 연결
- 라우터의 서브 인터페이스
  - 물리적 인터페이스를 다수의 논리적 인터페이스로 구분
  - 특정 VLAN의 게이트웨이로 사용
- 라우터에 트렁크 설정
  - 물리적 인터페이스에 서브 인터페이스 생성
  - 서브 인터페이스에 스위치와 같은 트렁크를 설정
  - 서브 인터페이스에 IP 주소 설정

VLAN 간 통신 설정

- 라우터에 트렁크 설정 예제 1 : dot1q 트렁크

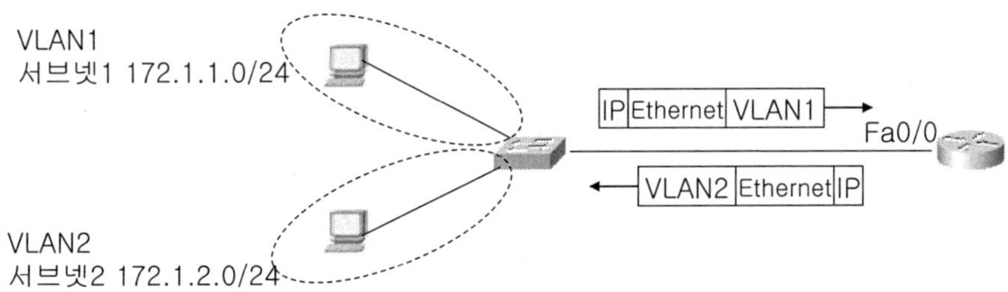

< 라우터를 통한 VLAN 간의 통신 >

- VLAN1에 대해서 라우터에 dot1q 설정
  - Router(config)#int fa0/0 : Native VLAN1의 IP주소는 물리적 인터페이스에 설정
  - Router(config-if)#ip add 172.1.1.1 255.255.255.0 : 인터페이스에 IP주소할당
- VLAN2에 대해서 라우터에 dot1q 설정
  - Router(config-if)#int fa0/0.2 : 논리적 서브인터페이스 생성
  - Router(config-subif)#ip add 172.1.2.1 255.255.255.0 : 서브인터페이스에 IP주소할당
  - Router(config-subif)#encapsulation dot1q 2: 서브인터페이스에 VLAN2를 할당하고 802.Q 설정

- 라우터에 트렁크 설정 예제 2 : ISL 트렁크

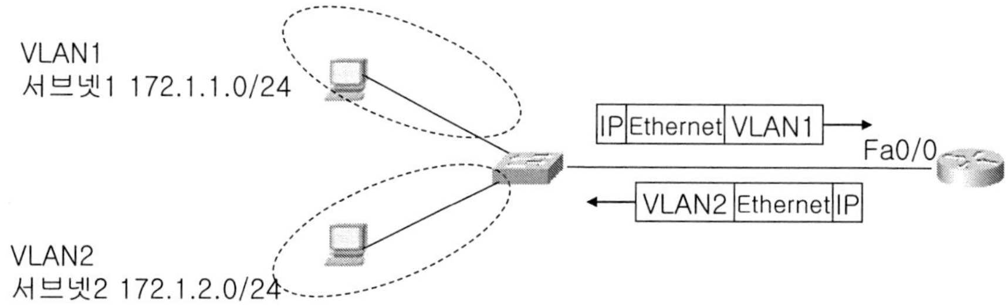

< 라우터를 통한 VLAN 간의 통신 >

- VLAN1에 대해서 라우터에 ISL 설정
  - Router(config-if)#int fa0/0.1 : 논리적 서브인터페이스 생성
  - Router(config-subif)#encapsulation isl 1 : 서브인터페이스에 VLAN1을 할당하고 ISL 설정
  - Router(config-subif)#ip add 172.1.1.1 255.255.255.0: 서브인터페이스에 IP주소할당
- VLAN2에 대해서 라우터에 ISL 설정
  - Router(config-if)#int fa0/0.2
  - Router(config-subif)#encapsulation isl 2
  - Router(config-subif)# ip add 172.1.2.1 255.255.255.0

VLAN 간 통신 실습

< 기본지식 >

❖ Router on a stick
- 서로 다른 VLAN 간에 트래픽을 전송한다.
- 스위치의 트렁크 포트에 연결한다.

❖ 라우터의 서브 인터페이스
- 하나의 물리적 인터페이스를 다수의 논리적 인터페이스로 구분한다.
- 특정 VLAN의 게이트웨이로 사용된다.

❖ 트렁크 프로토콜 (Encapsulation 또는 Tagging 방법)
- VLAN 프레임에 태그(VLAN ID)를 붙이는 방법을 정의한다.
- dot1.q 또는 IEEE 802.1Q : 국제표준
- ISL: Cisco에서 개발

❖ Native VLAN
- 태그를 붙이지 않고 VLAN 프레임을 전송한다.
- 트렁크를 이해하지 못하는 장비를 위해 필요하다.
- 트렁크 링크에 1개 존재한다.
- dot1q에서만 사용된다.

< Router on a stick 네트워크 구성절차 >

1. 장비 선택 및 연결
2. 스위치에 VLAN 생성 및 VLAN에 포트 추가
3. 스위치에 트렁크 포트 설정
4. VLAN 네트워크 설계 및 PC의 IP 주소 설정
5. 라우터의 서브인터페이스 설정
6. VLAN 통신 시험

< Router on a stick 네트워크 토폴로지 >

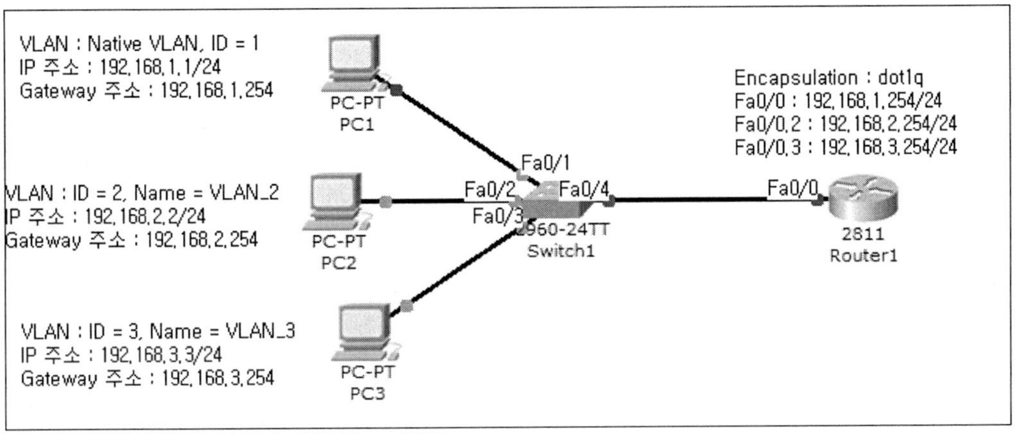

< VLAN 간 통신 실습 >

1. Router1에 Switch1을 연결하고, Switch1에 3 대의 PC를 연결한다.
1. Router1의 Fa0/0와 Switch1의 Fa0/4를 연결한다.
1. Switch1의 Fa0/1, Fa0/2, Fa0/3에 PC1, PC2, PC3을 연결한다.
1. Router1의 Fa0/0는 처음에 붉은색이며, no shutdown을 수행하면 녹색으로 바뀐다.

2. Switch1에 VLAN 2, VLAN 3을 생성한다.
2. Switch1(config)#vlan 2
2. Switch1(config-vlan)#name VLAN_2
2. Switch1(config-vlan)#vlan 3
2. Switch1(config-vlan)#name VLAN_3

2. VLAN 2, VLAN 3에 인터페이스 Fa0/2, Fa0/3 추가
2. Switch1(config)#int fa0/2
2. Switch1(config-if)#switchport access vlan 2
2. Switch1(config-if)#int fa0/3
2. Switch1(config-if)#switchport access vlan 3
2. Switch1(config-if)#do show vlan

```
Switch(config)#hostname Switch1
Switch1(config)#vlan 2
Switch1(config-vlan)#name VLAN_2
Switch1(config-vlan)#vlan 3
Switch1(config-vlan)#name VLAN_3
Switch1(config-vlan)#int fa0/2
Switch1(config-if)#switchport access vlan 2
Switch1(config-if)#int fa0/3
Switch1(config-if)#switchport access vlan 3
Switch1(config-if)#do show vlan

VLAN Name                             Status    Ports
---- -------------------------------- --------- -------------------------------
1    default                          active    Fa0/1, Fa0/4, Fa0/5, Fa0/6
                                                Fa0/7, Fa0/8, Fa0/9, Fa0/10
                                                Fa0/11, Fa0/12, Fa0/13, Fa0/14
                                                Fa0/15, Fa0/16, Fa0/17, Fa0/18
                                                Fa0/19, Fa0/20, Fa0/21, Fa0/22
                                                Fa0/23, Fa0/24, Gig1/1, Gig1/2
2    VLAN_2                           active    Fa0/2
3    VLAN_3                           active    Fa0/3
```

3. Router1이 연결되는 Switch1의 Fa0/4 인터페이스를 트렁크 포트로 설정
3. Switch1(config-if)#int fa0/4
3. Switch1(config-if)#switchport mode trunk
3. Router1의 Fa0/0 인터페이스를 활성화해야 트렁크 인터페이스를 확인 가능

```
Switch1#sh interfaces trunk
Port        Mode         Encapsulation  Status        Native vlan
Fa0/4       on           802.1q         trunking      1

Port        Vlans allowed on trunk
Fa0/4       1-1005

Port        Vlans allowed and active in management domain
Fa0/4       1,2,3
```

4. VLAN 네트워크 설계 및 PC의 IP 주소 설정
4. Native VLAN 1에는 192.168.1.0/24 서브넷을 할당한다.
4. VLAN 1의 Gateway 주소로 192.168.1.254를 설정한다.
4. VLAN 1의 PC1 주소로 192.168.1.1/24를 설정한다.

4. VLAN 2에는 192.168.2.0/24 서브넷을 할당한다.
4. VLAN 2의 Gateway 주소로 192.168.2.254를 설정한다.
4. VLAN 2의 PC2 주소로 192.168.2.2/24를 설정한다.

4. VLAN 3에는 192.168.3.0/24 서브넷을 할당한다.
4. VLAN 3의 Gateway 주소로 192.168.3.254를 설정한다.
4. VLAN 3의 PC3 주소로 192.168.3.3/24를 설정한다.

5. Router1의 서브인터페이스에 Encapsulation 방식 및 IP 주소 설정
5. Router1의 인터페이스 Fa0/0를 활성화시키고 Native VLAN의 Gateway 주소를 설정한다.
5. Router1(config)#int fa0/0
5. Router1(config-if)#no shutdown
5. Router1(config-if)#ip add 192.168.1.254 255.255.255.0

5. 서브인터페이스 Fa0/0.2에 VLAN 2를 할당하고, Encapsulation을 dot1q로 설정한다.
5. 서브인터페이스 Fa0/0.2에 VLAN 2의 Gateway 주소를 설정한다.
5. Router1(config-if)#int fa0/0.2
5. Router1(config-subif)#encapsulation dot1q 2
5. Router1(config-subif)#ip add 192.168.2.254 255.255.255.0

5. 서브인터페이스 Fa0/0.3에 VLAN 3을 할당하고, Encapsulation을 dot1q로 설정한다.
5. 서브인터페이스 Fa0/0.3에 VLAN 3의 Gateway 주소를 설정한다.
5. Router1(config-subif)#int fa0/0.3
5. Router1(config-subif)#encapsulation dot1q 3
5. Router1(config-subif)#ip add 192.168.3.254 255.255.255.0

```
Router>en
Router#config t
Enter configuration commands, one per line.  End with CNTL/Z.
Router(config)#hostname Router1
Router1(config)#int fa0/0
Router1(config-if)#no shutdown

%LINK-5-CHANGED: Interface FastEthernet0/0, changed state to up

%LINEPROTO-5-UPDOWN: Line protocol on Interface FastEthernet0/0, changed state t
o up

Router1(config-if)#ip add 192.168.1.254 255.255.255.0
Router1(config-if)#int fa0/0.2

%LINK-5-CHANGED: Interface FastEthernet0/0.2, changed state to up
Router1(config-subif)#
%LINEPROTO-5-UPDOWN: Line protocol on Interface FastEthernet0/0.2, changed state
 to up

Router1(config-subif)#encap dot1q 2
Router1(config-subif)#ip add 192.168.2.254 255.255.255.0
Router1(config-subif)#int fa0/0.3

%LINK-5-CHANGED: Interface FastEthernet0/0.3, changed state to up
Router1(config-subif)#
%LINEPROTO-5-UPDOWN: Line protocol on Interface FastEthernet0/0.3, changed state
 to up

Router1(config-subif)#encap dot1q 3
Router1(config-subif)#ip add 192.168.3.254 255.255.255.0
```

6. PC1에서 PC2로 통신 시험 (Simulation Mode에서 Capture/Forward로 진행)
6. ARP 과정 후 PC1에서 Switch1에 도착한 PDU를 더블 클릭하고, inbound에 Tagging(Encapsulation)이 없음을 확인한다. 이것은 access 링크에서는 태깅이 수행되지 않기 때문이다.
6. outbound에도 Tagging(Encapsulation)이 없음을 확인한다. 이것은 Native VLAN의 경우도 스위치의 트렁크 포트에서 태깅이 수행되지 않기 때문이다.
6. Switch1에서 Router1에 도착한 PDU에는 outbound에만 Tagging(Encapsulation)이 있음을 확인한다(태그 TPID/TCI에 VLAN ID 2가 실린다).
6. Router1에서 Switch1에 도착한 PDU에는 inbound에만 Tagging(Encapsulation)이 있음을 확인한다. outbound로는 태그를 제거하고 순수한 프레임을 전송한다.

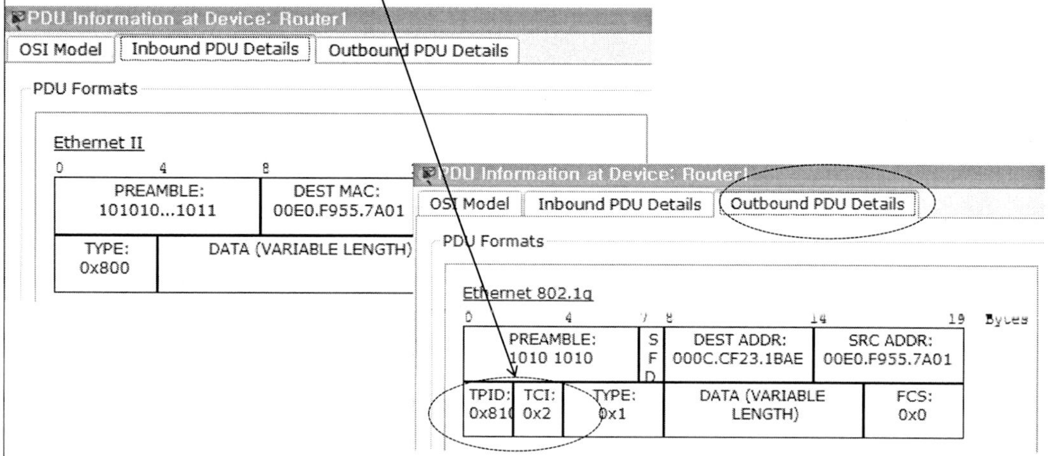

6. PC2에서 PC3으로 통신 시험 (Simulation Mode에서 Capture/Forward로 진행)
6. PC2에서 Switch1에 도착한 PDU를 더블 클릭하여 inbound에 Tagging(Encapsulation)이 안 되어 있음을 확인한다. 이것은 access 링크에서는 태깅이 수행되지 않기 때문이다.
6. outbound에는 Tagging(Encapsulation)이 있음을 확인한다(태그 = TPID/TCI). 이것은 Native VLAN이 아닌 경우 스위치의 트렁크 포트에서 태깅이 수행되기 때문이다.
6. Switch1에서 Router1에 도착한 PDU에는 inbound/outbound에 Tagging(Encapsulation)이 있음을 확인한다(inbound에는 VLAN 2, outbound에는 VLAN 3의 정보가 실린다).
6. Router1에서 Switch1에 도착한 PDU에는 inbound에만 Tagging(Encapsulation)이 있음을 확인한다. outbound로는 태그를 제거하고 순수한 프레임을 전송한다.

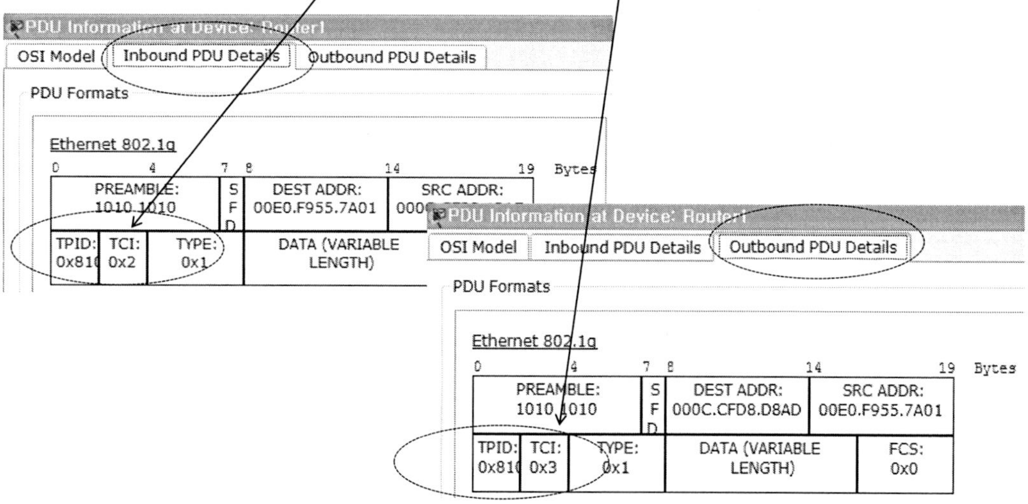

6. VLAN 1의 PC1, VLAN 2의 PC2, VLAN 3의 PC3 간에 ping을 시험한다(성공!).

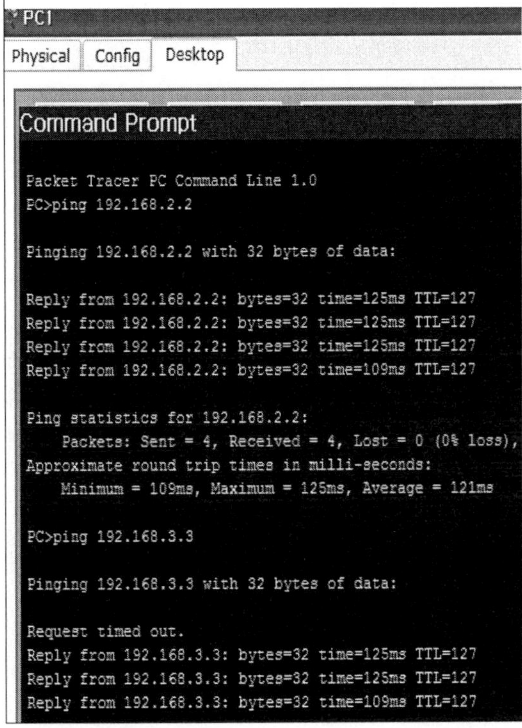

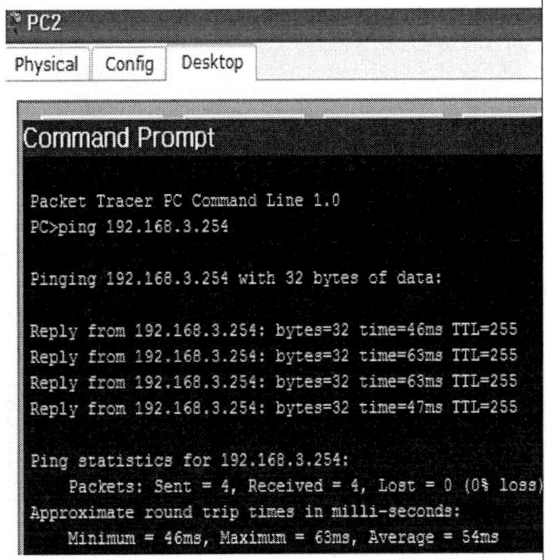

11 장

STP 프로토콜

11-1 STP 개념

- 중복 링크
- STP의 기능

중복 링크

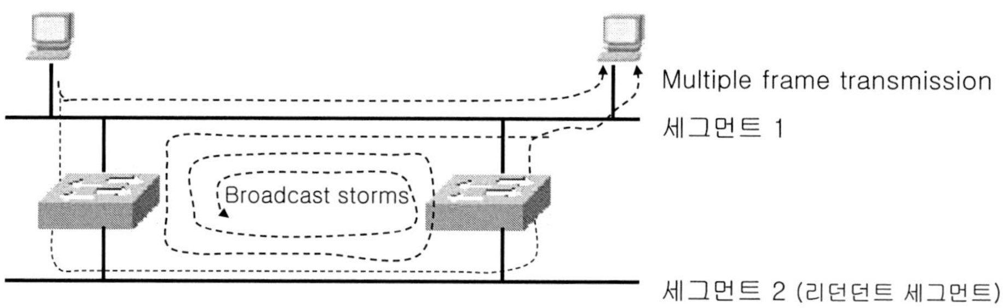

< 리던던트 랜>

중복 링크의 문제점	설명
Broadcast storms	프레임이 무한 루프에 빠짐
MAC table instability	스위치의 MAC 주소 테이블이 불안정하게 되어 프렘임들이 잘못된 목적지로 전송
Multiple frame transmission	한 프레임의 복사본 여럿이 목적지에 도달케 함으로써, 목적지 호스트를 혼란에 빠뜨림

STP의 기능

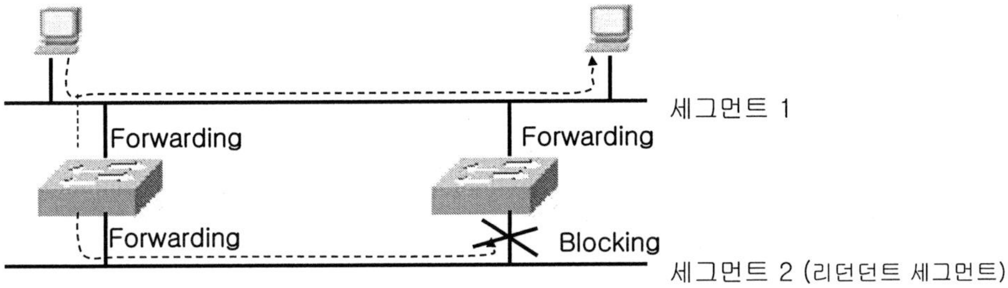

< STP를 작동시킨 리던던트 랜>

- 스위치 포트를 포워딩(forwarding) 또는 블로킹(Blocking) 상태로 설정
- 루프 현상을 제거
- 목적지까지 단일 경로를 제공

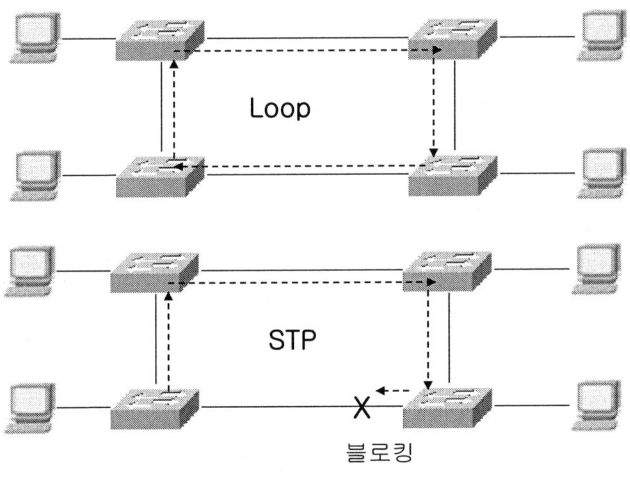

- 루프 방지
  - 중복링크 (redundant link)에서 루프를 차단
- 블로킹 (Blocking)
  - 해당 인터페이스는 프레임을 전송할 수도 없고 수신할 수도 없음
- 포워딩 (Forwarding)
  - 해당 인터페이스는 프레임을 전송할 수도 있고 수신할 수도 있음

11-2 STP 동작

- STP의 동작 원리
- STP의 동작 과정

STP의 동작 원리

- Root Bridge
  - Hello 프레임을 생성 및 전송하는 스위치
  - 대장 역할 수행
- Non Root Bridge
  - Hello 프레임을 수신하여 자신에게 반영하는 스위치
- Designated Bridge
  - LAN 세그먼트의 스위치들 중에서 Root까지 최소비용을 갖는 스위치
- Root Port
  - Root까지 최소비용을 갖는 포트
  - 프레임 전송 가능 (Forwarding)
- Designated Port
  - Root의 모든 포트
  - LAN 세그먼트의 스위치들 중에서 Root까지 최소비용을 갖는 스위치의 포트
  - 프레임 전송 가능 (Forwarding)
- Blocking Port
  - 나머지 포트
  - LAN 세그먼트의 스위치들 중에서 Root까지 최소비용을 갖는 스위치의 포트
  - 프레임 전송 불가능(Blocking)

- Hello 프레임

필드	설명
루트 BID	루트 스위치의 BID
송신 BID	Hello BPDU를 전송하고 있는 스위치의 BID
루트까지의 비용	해당 스위치에서 루트까지의 STP 비용(인터페이스 비용)
루트 스위치의 타이머	Hello 타이머, MaxAge 타이머, Forward Delay 타이머

< Hello BPDU 프레임의 필드 >

- BID = priority + system ID
- System ID : MAC 주소를 토대로 계산

STP의 동작 과정

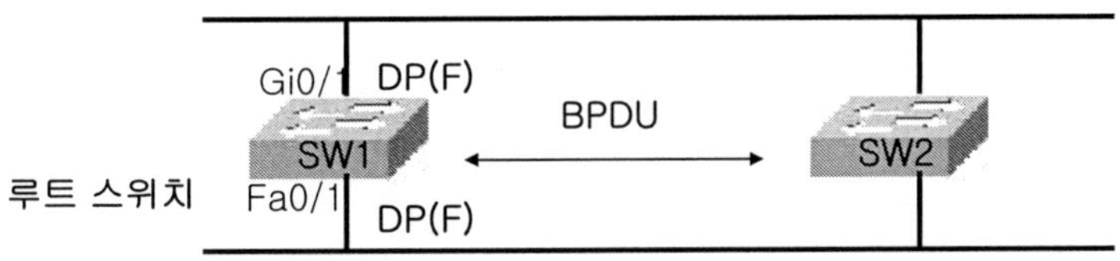

Default priority: 30000
MAC: a100.1111.1111

Default priority: 30000
MAC: b100.1111.1111

- Root Bridge 선출
  - 최저 BID를 갖는 스위치를 루트로 선출
  - 최저 priority 값의 스위치
  - Priority 값이 같으면 최저 MAC 주소 값의 스위치
  - SW1이 루트로 선출
- DP(Designated Port) 포트 찾기
  - Root Bridge의 모든 포트는 자동으로 DP 포트가 됨
  - SW1의 Gi0/1, Fa0/1

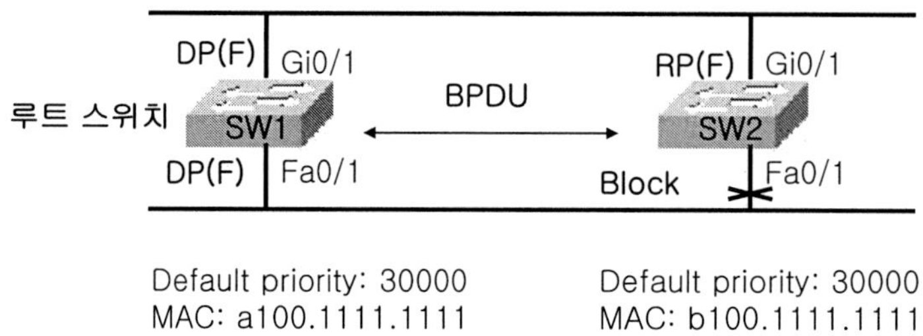

- Non Root Bridge에서 RP(Root Port) 찾기
  - 루트까지 최소 STP 비용(인터페이스 비용)을 갖는 포트
  - SW2의 Gi0/1 인터페이스의 비용 < SW2의 Fa0/1 인터페이스의 비용
  - SW2는 Gi0/1 인터페이스를 RP로 선택
- BP(Blocking Port) 포트 찾기
  - 나머지 포트는 자동적으로 BP 포드가 됨
  - SW2의 Fa0/1

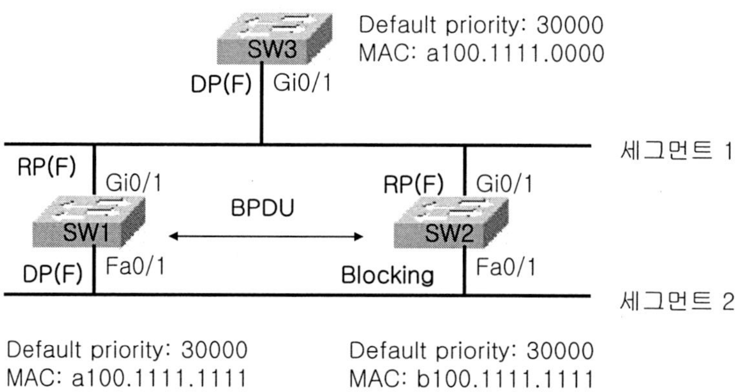

- LAN 세그먼트에서 DP(Designated Port) 찾기
  - LAN 세그먼트에서 루트까지 최소비용을 갖는 스위치의 포트를 검색
  - 비용이 같으면 낮은 BID 값을 갖는 스위치를 검색
  - 세그먼트 2에서 루트까지의 비용은 SW1과 SW2에서 모두 같음(Fa0/1 -> Gi0/1)
  - 두 스위치 SW1과 SW2의 default priority 값이 같고, MAC 주소 값은 SW1이 작음
  - 따라서 SW1의 Fa0/1 포트를 세그먼트 2의 DP 포트로 선택
  - 또한 자동으로 스위치 SW2의 Fa0/1 포트는 블로킹 상태가 됨

STP 설정 실습

< 기본지식 >

❖ STP(Spanning Tree Protocol)
- 중복링크의 루프 현상을 차단하여 목적지까지 단일 경로를 제공한다.
- 스위치를 켜면 자동적으로 동작한다.
- VLAN에 단 하나의 Root Bridge 존재
- Non Root Bridge에 단 하나의 RP(Root Port)가 forwarding 상태로 존재
- LAN 세그먼트에 단 하나의 DP(Designated Port)가 forwarding 상태로 존재
- 나머지 Nondesignated Port 들은 blocking 상태로 존재

❖ Root Bridge 선출 (VLAN 단위)
- Bridge Priority -> MAC 주소 순으로 비교, 작은 값을 가진 스위치를 선출한다.
- Root Bridge의 모든 포트는 DP 포트가 되면 forwarding 상태가 된다.

❖ RP 포트 선출 (Non Root Bridge 에서)
- Root 까지의 비용 -> Port Priority 순으로 비교, 작은 것을 선출한다.

❖ DP 포트 선출 (LAN 세그먼트에서)
- Root 까지의 비용 -> Bridge Priority -> MAC 주소 순으로 비교, 작은 것을 선출.

< STP 네트워크 구성 절차 >

1. 장비 선택 및 연결
2. 스위치에 트렁크 포트 설정
3. STP 정보 확인
4. Root Bridge 변경

< STP 실습 토폴로지 >

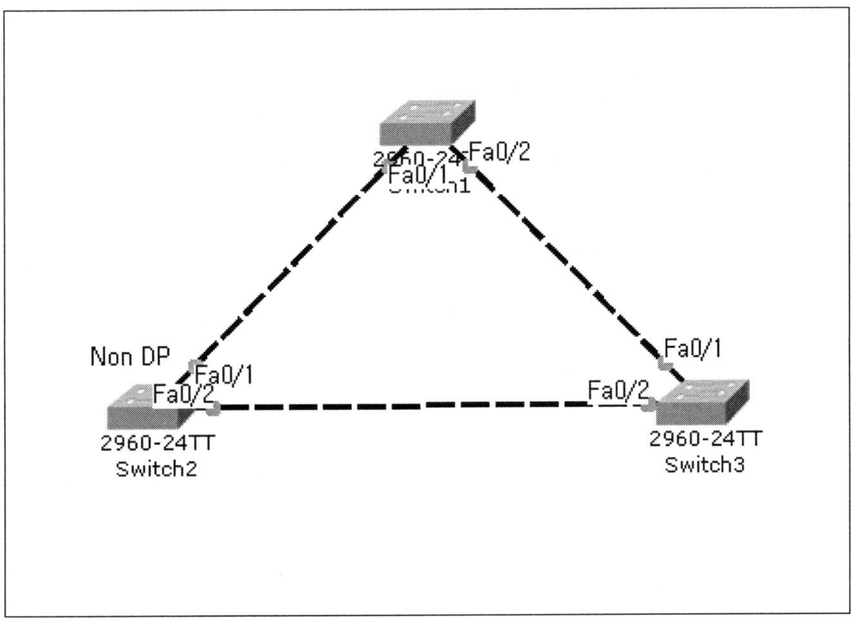

< STP 설정 실습 >

1. 3 대의 스위치 Switch1, Switch2, Switch3을 루프 형태로 연결한다.
1. Switch1의 Fa0/1과 Switch2의 Fa0/1을 연결한다.
1. Switch1의 Fa0/2와 Switch3의 Fa0/1을 연결한다.
1. Switch2의 Fa0/2와 Switch3의 Fa0/2를 연결한다.

2. Switch1의 Fa0/1, Fa0/2를 트렁크 포트로 설정
2. Switch1(config)#int range fa0/1-2
2. Switch1(config-if)#switchport mode trunk

2. Switc2의 Fa0/1, Fa0/2를 트렁크 포트로 설정
2. Switch2(config)#int fa0/1-2
2. Switch2(config-if)#switchport mode trunk

2. Switch3의 Fa0/1, Fa0/2를 트렁크 포트로 설정
2. Switch3(config)#int fa0/1-2
2. Switch3(config-if)#switchport mode trunk

```
Switch>en
Switch#config t
Enter configuration commands, one per line.  End with CNTL/Z.
Switch(config)#hostname Switch1
Switch1(config)#int range fa0/1-2
Switch1(config-if-range)#switchport mode trunk
```

```
Switch>en
Switch#config t
Enter configuration commands, one per line.  End with CNTL/Z.
Switch(config)#hostname Switch2
Switch2(config)#int range fa0/1-2
Switch2(config-if-range)#switchport mode trunk
```

```
Switch>en
Switch#config t
Enter configuration commands, one per line.  End with CNTL/Z.
Switch(config)#hostname Switch3
Switch3(config)#int range fa0/1-2
Switch3(config-if-range)#switchport mode trunk
```

3. Switch1, Switch2, Switch3에서 STP 정보 확인
3. Switch1#sh spanning-tree
3. Switch1은 Non root bridge임을 알 수 있다. (Root ID ≠ Bridge ID)
3. Switch1의 Fa0/1은 DP 포트, Fa0/2는 RP 포트임을 알 수 있다.

```
Switch1#sh spanning-tree
VLAN0001
  Spanning tree enabled protocol ieee
  Root ID     Priority     32769
              Address      0004.9ABB.ED4D
              Cost         19
              Port         2(FastEthernet0/2)
              Hello Time   2 sec  Max Age 20 sec  Forward Delay 15 sec

  Bridge ID   Priority     32769  (priority 32768 sys-id-ext 1)
              Address      00D0.BC59.9D2D
              Hello Time   2 sec  Max Age 20 sec  Forward Delay 15 sec
              Aging Time   20

Interface        Role Sts Cost      Prio.Nbr Type
---------------- ---- --- --------- -------- --------------------------------
Fa0/1            Desg FWD 19        128.1    P2p
Fa0/2            Root FWD 19        128.2    P2p
```

3. Switch2#sh spanning-tree
3. Switch2는 Non root bridge임을 알 수 있다. (Root ID ≠ Bridge ID)
3. Switch2의 Fa0/1은 Alternate 포트(Non DP), Fa0/2는 RP 포트임을 알 수 있다.

```
Switch2>en
Switch2#sh spanning-tree
VLAN0001
  Spanning tree enabled protocol ieee
  Root ID     Priority     32769
              Address      0004.9ABB.ED4D
              Cost         19
              Port         2(FastEthernet0/2)
              Hello Time   2 sec  Max Age 20 sec  Forward Delay 15 sec

  Bridge ID   Priority     32769  (priority 32768 sys-id-ext 1)
              Address      00E0.B0DA.3204
              Hello Time   2 sec  Max Age 20 sec  Forward Delay 15 sec
              Aging Time   20

Interface        Role Sts Cost      Prio.Nbr Type
---------------- ---- --- --------- -------- --------------------------------
Fa0/1            Altn BLK 19        128.1    P2p
Fa0/2            Root FWD 19        128.2    P2p
```

3. Switch3#sh spanning-tree
3. Switch3는 Root bridge임을 알 수 있다. (Root ID = Bridge ID)
3. Switch3의 Fa0/1, Fa0/2 모두 DP 포트임을 알 수 있다.

```
Switch3#sh spanning-tree
VLAN0001
  Spanning tree enabled protocol ieee
  Root ID     Priority     32769
              Address      0004.9ABB.ED4D
              This bridge is the root
              Hello Time   2 sec  Max Age 20 sec  Forward Delay 15 sec

  Bridge ID   Priority     32769  (priority 32768 sys-id-ext 1)
              Address      0004.9ABB.ED4D
              Hello Time   2 sec  Max Age 20 sec  Forward Delay 15 sec
              Aging Time   20

Interface        Role Sts Cost      Prio.Nbr Type
---------------- ---- --- --------- -------- --------------------------------
Fa0/1            Desg FWD 19        128.1    P2p
Fa0/2            Desg FWD 19        128.2    P2p
```

4. Switch1을 Root Bridge로 설정
4. Switch1(config)#spanning-tree vlan 1 root primary
4. Switch3#sh spanning-tree

```
Switch1(config)#spanning-tree vlan 1 root primary
Switch1(config)#exit

%SYS-5-CONFIG_I: Configured from console by console
Switch1#sh spanning-tree
VLAN0001
  Spanning tree enabled protocol ieee
  Root ID     Priority     24577
              Address      00D0.BC59.9D2D
              This bridge is the root
              Hello Time   2 sec  Max Age 20 sec  Forward Delay 15 sec

  Bridge ID   Priority     24577  (priority 24576 sys-id-ext 1)
              Address      00D0.BC59.9D2D
              Hello Time   2 sec  Max Age 20 sec  Forward Delay 15 sec
              Aging Time   20

Interface        Role Sts Cost      Prio.Nbr Type
---------------- ---- --- --------- -------- --------------------------------
Fa0/1            Desg FWD 19        128.1    P2p
Fa0/2            Desg FWD 19        128.2    P2p
```

12 장

무선랜(WLAN)

12-1 무선랜 개념

- 무선랜 네트워크
- 무선랜 표준
- 무선랜 동작모드

무선랜 네트워크

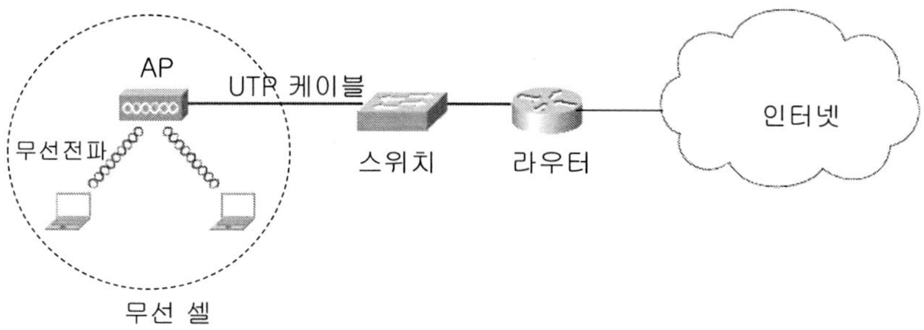

- 액세스 포인트 (AP)
  - 노트북 등의 무선 장치를 유선 망에 연결

무선랜 표준

- 802.11a
  - 최고 54Mbps 지원
- 802.11b
  - 최고 11Mbps 지원
- 802.11g
  - 11Mbps ~ 54Mbps 지원
- 802.11n
  - 최대 600Mbps 지원
- 802.11ac
  - 최대 약 7Gbps 지원

무선랜 동작모드

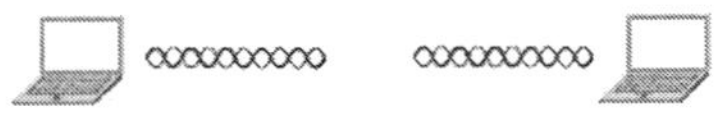

- Ad Hoc 모드
  - AP없이 무선 장치들 간에 직접 통신
  - IBSS(Independent Basic Service Set)

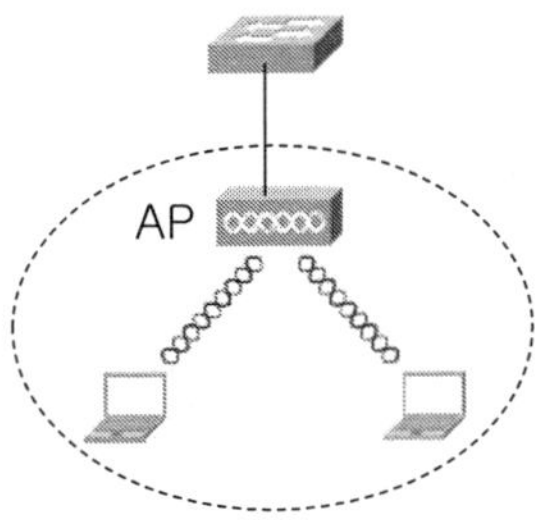

- BSS(Basic Service Set) 모드
  - 단 하나의 AP를 사용하여 무선 장치들 간에 통신

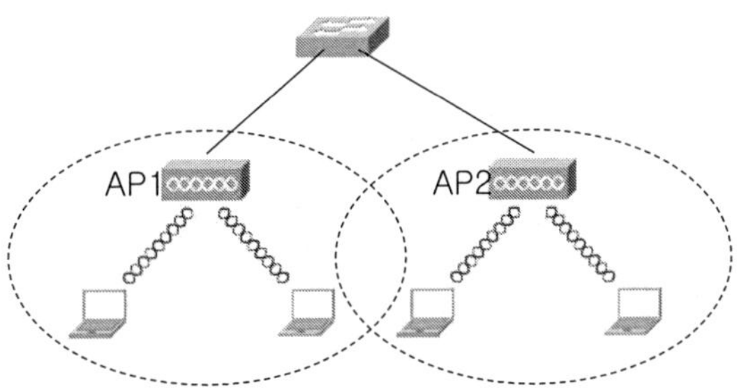

- ESS(Extended Service Set) 모드
  - 두 개 이상의 AP를 사용하여 무선 장치들 간에 통신

12-2 무선랜 설치 및 보안

- WLAN 설치
- WLAN 보안 이슈
- WLAN 보안 표준

WLAN 설치

- 1단계
  - 이미 설치되어 있는 유선 랜이 정상적으로 동작을 하고 있는지 확인
- 2단계
  - AP를 설치하고 유선 망에 연결
  - AP의 IP 주소, 서브넷 마스크, 기본 게이트웨이를 설정
- 3단계
  - AP의 무선환경을 설정
  - SSID(서비스 셋 식별자) 등을 설정(보안설정은 하지 않는다)
- 4단계
  - 노트북 같은 무선 장치 하나를 설치하고 설정(역시 보안은 설정하지 않는다)
- 5단계
  - WLAN이 노트북과 잘 동작하는지 확인
- 6단계
  - AP와 클라이언트에 무선 보안을 설정
- 7단계
  - 보안 설정 후에도 WLAN이 잘 동작하는지 다시 한번 확인

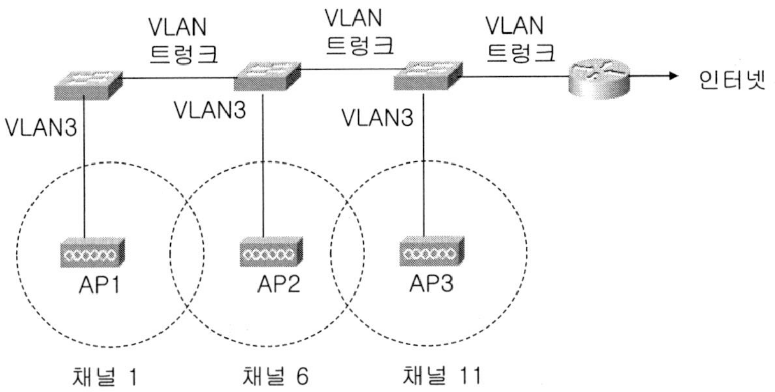

- 1단계 : 기존 유선 망 동작확인
  - 설치할 AP 대신에 우선 시험용으로 노트북을 스위치에 연결
  - IP 주소, 서브넷 마스크, 기본 게이트웨이 주소 등을,
  - DHCP를 통해서 획득함을 확인,
  - 또한 다른 호스트들과의 통신도 확인
- ESS WLAN
  - AP를 연결하는 스위치 포트들은 같은 VLAN이어야 함

- 2 단계 : AP의 IP 및 유선 설정
- IP 설정
  - AP는 2계층 장비이나 관리를 위해 IP를 설정
  - IP 주소, 서브넷 마스크, 기본 게이트웨이 IP 주소, DNS 서버 IP 주소
- 유선 설정
  - AP와 LAN 스위치를 straight-through 이더넷 케이블로 연결

- 3 단계 : AP의 무선설정
  - 사용할 IEEE 표준 (a, b, g, 기타)을 결정
  - 무선채널 (Wireless channel)을 결정
  - SSID (Service Set Identifier)를 설정
  - 전송전력 (Transmit power)를 설정

- 4 단계 : 무선 클라이언트 1 개를 설치 및 설정
- 무선 클라이언트 (노트북)과 AP를 WLAN으로 연결
  - AP와 똑같은 WLAN 표준을 지원하는 WLAN NIC를 장착
  - 그 외 특별한 설정은 필요 없음
  - 기본적으로 보안은 설정되지 않음

- 5 단계 : 무선 클라이언트에서 WLAN 동작확인
  - ping 등을 수행
  - 현장조사 : AP 위치, 신호크기, 간섭, 통신 가능 구역 (coverage area)
  - WLAN NIC와 AP의 무선이 활성화 되었는지를 체크
  - AP의 펌웨어가 최신버전인지 체크
  - AP의 설정을 체크

WLAN 보안 이슈

취약성	해법
워 드라이버 (war drivers)	인증강화 (strong authentication)
WLAN 내부에서 정보 훔치는 해커	암호강화 (encryption)
WLAN 외부에 접속 시도하는 해커	인증강화
종업원 AP 설치	침입탐지시스템 (IDS), 씨스코 SWAN
로그 AP (rogue AP)	인증강화, IDS/SWAN

WLAN 보안 표준

- WEP (Wired Equivalent Privacy)
  - 1997년에 IEEE에서 정의
  - 인증과 암호화 기법을 이용
  - PSK (Static Preshared Keys) : 수동적으로 미리 키 값을 클라이언트와 AP에 설정
  - SSID 클로우킹 (cloaking) : 클라이언트의 Probe 메시지에 AP가 SSID를 응답
  - MAC 필터링 (filtering) : AP에 허가된 MAC 주소를 등록
- WPA (Wi-Fi Protected Access)
  - 2003년 Wi-Fi 협회에서 정의
  - 다이내믹 키 교환(TKIP)을 사용
  - 사용자 인증, 간단한 디바이스 인증을 사용
  - MIC (Message Integrity Check) 암호화 기법을 사용
- 802.11i(WPA2)
  - 2005년 IEEE에서 정의
  - 다이내믹 키 교환, 매우 강력한 암호화(AES), 사용자 인증을 사용

WLAN 네트워크 실습

< 기본지식 >

❖ WLAN 장치
- AP : 무선랜(셀) 내부의 통신만을 지원한다.
- 무선 라우터 : 무선랜간 및 인터넷과의 통신을 지원한다(AP+라우터).

❖ 무선 라우터 기본 설정 (Setup)
- 인터넷 설정 : 외부 인터넷 통신용 IP 주소 설정.
- 네트워크 설정 : 내부 무선랜 통신용 IP 주소 설정

❖ 무선 라우터 보안 설정 (Wireless Security)
- 무선 라우터의 보안 모드 : WEP, WPA, WPA2 설정
- PC의 인증 모드 : 인증키(Key, Pass Phrase, User ID / Password) 설정

❖ 무선 라우터 MAC 필터 (Wireless MAC Filter) 설정
- 무선 라우터 보안 모드 해제 및 PC 인증 모드 해제
- 무선 MAC 필터 활성화 -> 필터여부(Prevent/Permit) 선택 -> MAC주소 목록 등록

❖ 무선 라우터 접속제한 (Access Restrictions) 설정
- 무선 라우터 MAC 필터 해제
- 정책이름 설정 -> 상태 활성화 -> 적용대상 PC 등록 -> 제한여부(Deny/Allow) 선택 -> 차단 어플리케이션 등록

< WLAN 네트워크 구성 절차 >

1. 장비 선택 및 연결
2. 유선 네트워크 장비 IP 주소 설정
3. 무선 라우터 기본 설정
4. 무선 라우터 보안 설정

< WLAN 네트워크 토폴로지 >

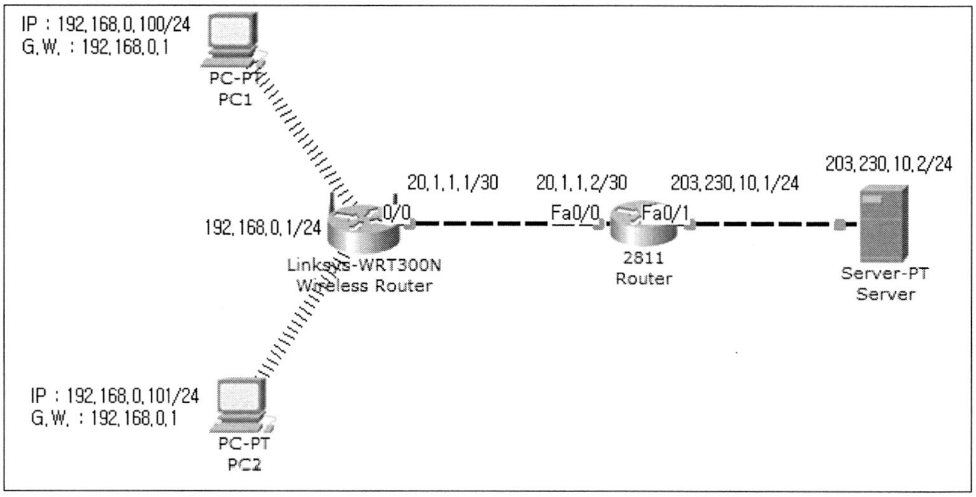

< WLAN 네트워크 실습 >

1. 장치 연결
1. PC1과 PC2의 전원을 Off, 이더넷 장치를 제거, 무선랜 카드를 장착, 전원을 On 한다.
1. Wireless Router의 Internet 포트 0/0와 Router의 Fa0/0 포트를 연결한다.
1. Router의 Fa0/1 포트에 Server를 연결한다.

2. 유선 네트워크 장치 IP 주소 설정
2. Router의 IP주소 설정
2. Router(config)#int fa0/0
2. Router(config-if)#ip add 20.1.1.2 255.255.255.252
2. Router(config-if)#no shutdown
2. Router(config-if)#int fa0/1
2. Router(config-if)#ip add 203.230.10.1 255.255.255.0
2. Router(config-if)#no shutdown

2. Server의 IP주소 설정
2. IP : 203.230.10.2
2. 서브넷 마스크 : 255.255.255.0
2. 게이트웨이 : 203.230.10.1

```
Router>en
Router#config t
Enter configuration commands, one per line.  End with CNTL/Z.
Router(config)#int fa0/0
Router(config-if)#ip add 20.1.1.2 255.255.255.252
Router(config-if)#no shutdown

%LINK-5-CHANGED: Interface FastEthernet0/0, changed state to up

%LINEPROTO-5-UPDOWN: Line protocol on Interface FastEthernet0/0, changed state t
o up

Router(config-if)#int fa0/1
Router(config-if)#ip add 203.230.10.1 255.255.255.0
Router(config-if)#no shutdown

%LINK-5-CHANGED: Interface FastEthernet0/1, changed state to up

%LINEPROTO-5-UPDOWN: Line protocol on Interface FastEthernet0/1, changed state t
o up
```

3. Wireless Router 기본 설정(Setup)
3. Internet Setup
3. 연결설정 유형을 Static IP로 지정
3. IP 주소 : 20.1.1.1
3. 서브넷 마스크 : 255.255.255.252
3. 기본 게이트웨이 : 20.1.1.2
3. DNS 1 : 203.230.10.2

3. Network Setup
3. LAN IP : 192.168.0.1
3. LAN 서브넷 마스크 : 255.255.255.0
3. DHCP Server : Enabled
3. Start IP Address : 192.168.0.100

3. 설정 저장
3. 하단부의 Save Settings 클릭

3. PC1, PC2, Server 간 Ping 시험

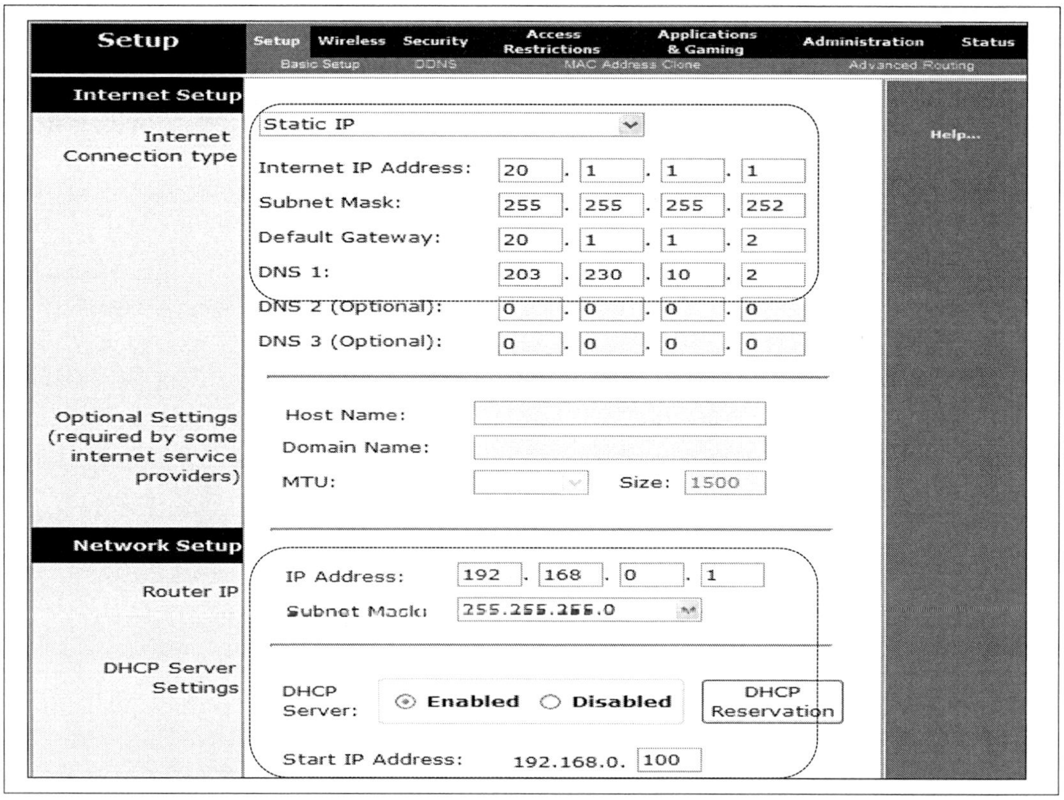
Setup
Setup
Wireless
Security
Access Restrictions
Applications & Gaming
Administration
Status
Basic Setup
DDNS
MAC Address Clone
Advanced Routing
Internet Setup
Internet Connection type
Static IP
Internet IP Address: 20 . 1 . 1 . 1
Subnet Mask: 255 . 255 . 255 . 252
Default Gateway: 20 . 1 . 1 . 2
DNS 1: 203 . 230 . 10 . 2
DNS 2 (Optional): 0 . 0 . 0 . 0
DNS 3 (Optional): 0 . 0 . 0 . 0
Help...
Optional Settings (required by some internet service providers)
Host Name:
Domain Name:
MTU:
Size: 1500
Network Setup
Router IP
IP Address: 192 . 168 . 0 . 1
Subnet Mask: 255.255.255.0
DHCP Server Settings
DHCP Server:
Enabled
Disabled
DHCP Reservation
Start IP Address: 192.168.0. 100

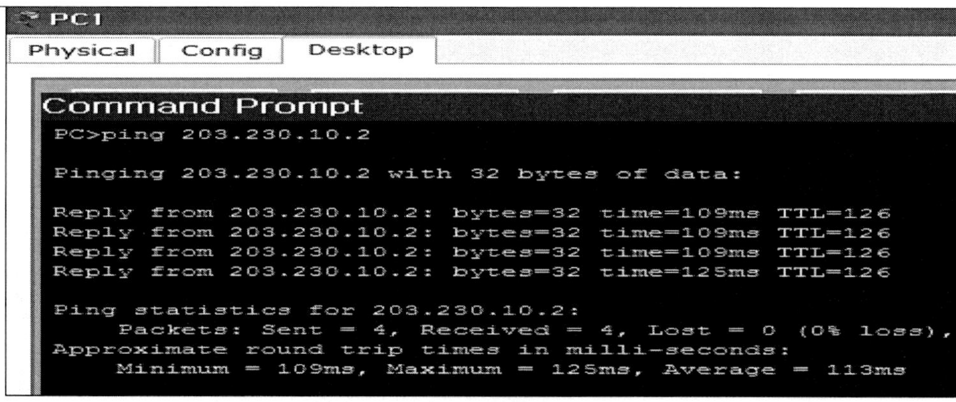
PC1
Physical
Config
Desktop
Command Prompt
PC>ping 203.230.10.2
Pinging 203.230.10.2 with 32 bytes of data:
Reply from 203.230.10.2: bytes=32 time=109ms TTL=126
Reply from 203.230.10.2: bytes=32 time=109ms TTL=126
Reply from 203.230.10.2: bytes=32 time=109ms TTL=126
Reply from 203.230.10.2: bytes=32 time=125ms TTL=126
Ping statistics for 203.230.10.2:
Packets: Sent = 4, Received = 4, Lost = 0 (0% loss),
Approximate round trip times in milli-seconds:
Minimum = 109ms, Maximum = 125ms, Average = 113ms

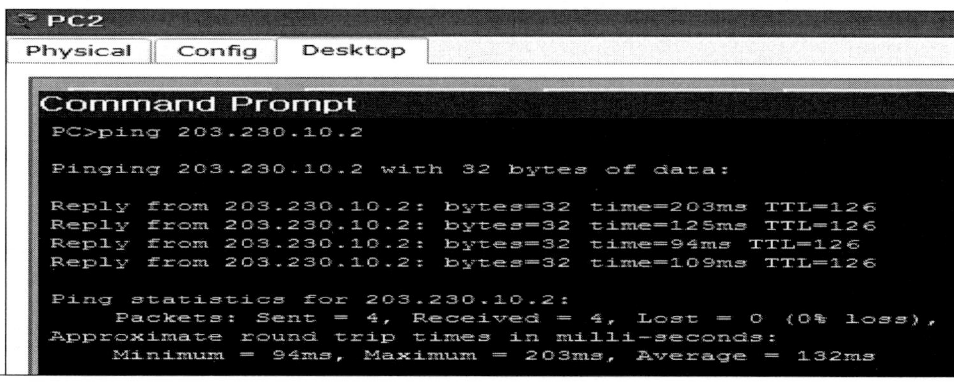
PC2
Physical
Config
Desktop
Command Prompt
PC>ping 203.230.10.2
Pinging 203.230.10.2 with 32 bytes of data:
Reply from 203.230.10.2: bytes=32 time=203ms TTL=126
Reply from 203.230.10.2: bytes=32 time=125ms TTL=126
Reply from 203.230.10.2: bytes=32 time=94ms TTL=126
Reply from 203.230.10.2: bytes=32 time=109ms TTL=126
Ping statistics for 203.230.10.2:
Packets: Sent = 4, Received = 4, Lost = 0 (0% loss),
Approximate round trip times in milli-seconds:
Minimum = 94ms, Maximum = 203ms, Average = 132ms

4. 무선 라우터에 WEP 보안 설정(Wireless-Wireless Security)
4. Security Mode: WEP
4. 인증키 값(Key1): 0987654321
4. 하단부 Save Settings 클릭

4. PC1의 무선 인터페이스에 WEP 인증 설정
4. Authentication : WEP
4. Key : 0987654321
4. PC1만 무선랜에 접속 가능

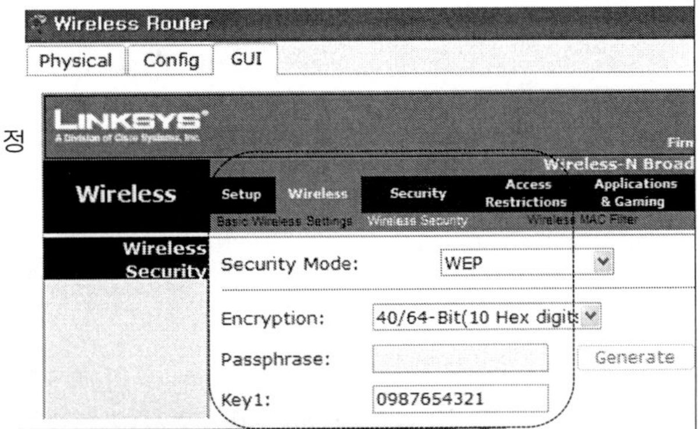

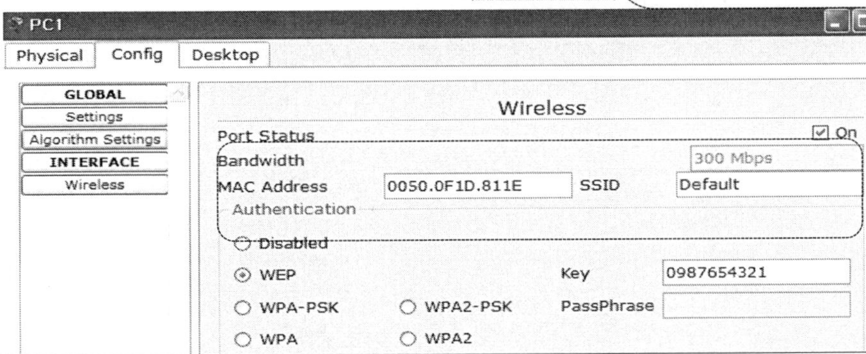

4. 무선 라우터에 WPA2 Enterprise 보안 설정
4. Security Mode: WPA2 Enterprise
4. Encryption: AES
4. RADIUS Server: 203.230.10.2
4. Shared Secret: 0987654321
4. Save Settings

4. RADIUS Server의 AAA 서비스 설정
4. AAA Service : On
4. Network Configuration 설정
4. Client Name: WRT300N
4. Client IP: 20.1.1.1
4. Secret: 0987654321
4. ServerType: Radius
4. '+' 버튼 클릭

4. PC1에 WPA2 인증 설정
4. Authentication: WPA2
4. User ID: infocom
4. Password: jeiu
4. Encryption Type: AES
4. PC1만 무선랜에 접속

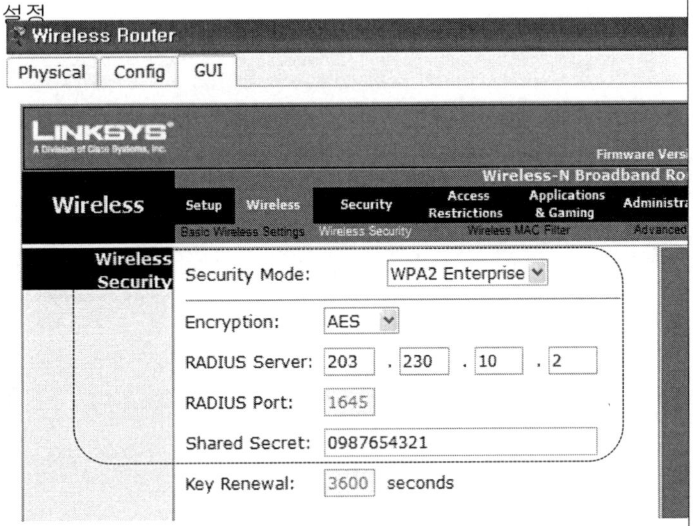

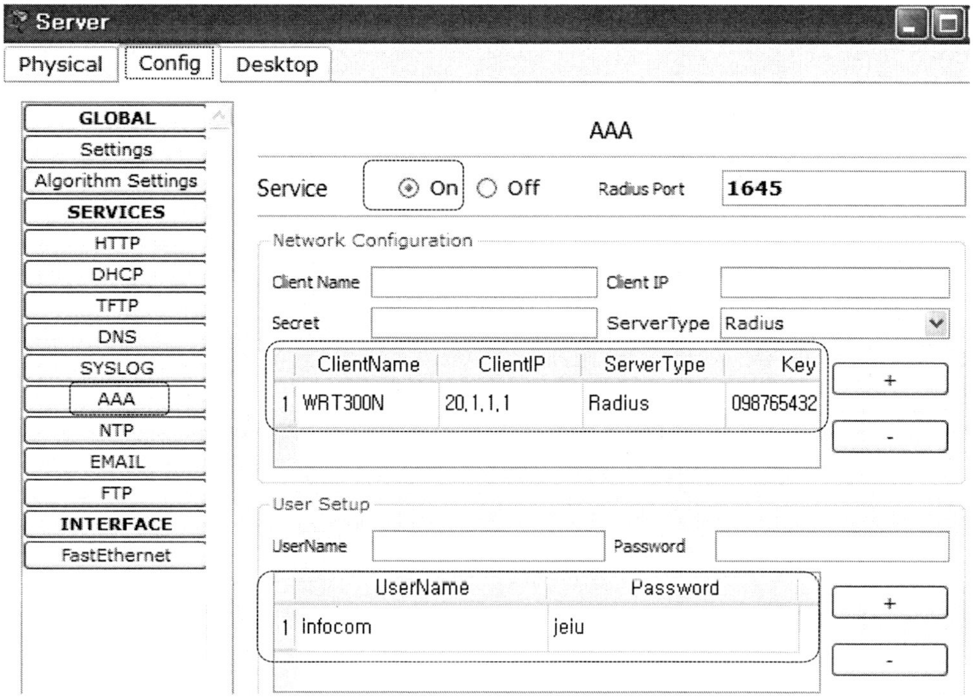
Server
Physical
Config
Desktop
GLOBAL
Settings
Algorithm Settings
SERVICES
HTTP
DHCP
TFTP
DNS
SYSLOG
AAA
NTP
EMAIL
FTP
INTERFACE
FastEthernet
AAA
Service
On
Off
Radius Port
1645
Network Configuration
Client Name
Client IP
Secret
ServerType
Radius
ClientName
ClientIP
ServerType
Key
1
WRT300N
20.1.1.1
Radius
098765432
+
-
User Setup
UserName
Password
UserName
Password
1
infocom
jeiu
+
-

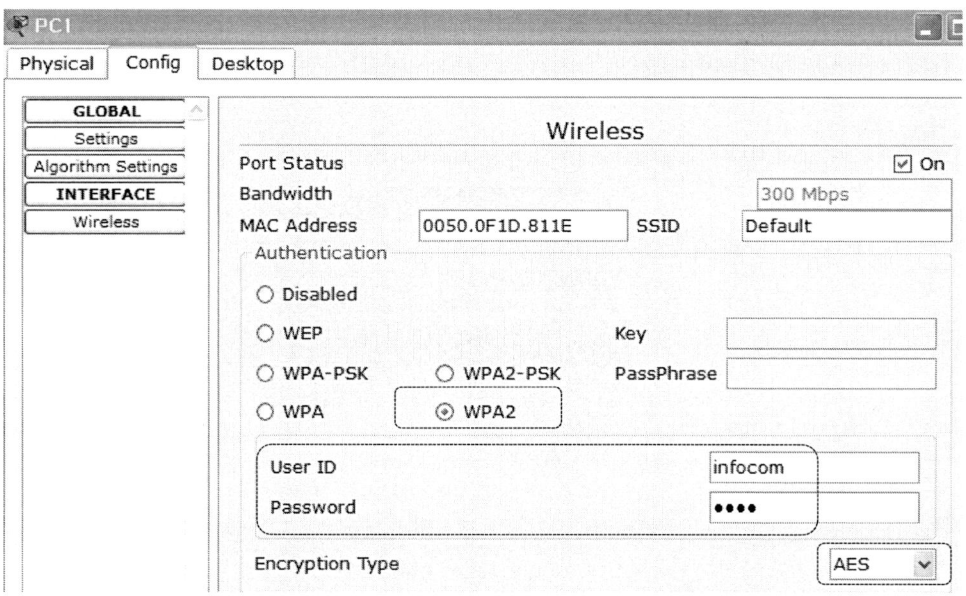
PC1
Physical
Config
Desktop
GLOBAL
Settings
Algorithm Settings
INTERFACE
Wireless
Wireless
Port Status
On
Bandwidth
300 Mbps
MAC Address
0050.0F1D.811E
SSID
Default
Authentication
Disabled
WEP
Key
WPA-PSK
WPA2-PSK
PassPhrase
WPA
WPA2
User ID
infocom
Password
••••
Encryption Type
AES

5 부 라우터 기술 고급

13장 PPP 프로토콜
14장 ACL
15장 NAT
16장 IPv6

13장

PPP 프로토콜

13-1 PPP 개념 및 설정

- PPP(Point-to-Point Protocol) 프로토콜
  - 라우터 두 대를 연결
  - 전용선(leased line)에 사용
  - WAN 데이터링크 프로토콜
- 동기식 및 비동기식 링크를 모두를 지원
- 헤더의 프로토콜 필드를 사용하여 다수의 3계층 프로토콜 전송 가능
- 인증 방법
  - PAP(Password Authentication Protocol) : 단순 텍스트 사용
  - CHAP(Challenge Handshake Authentication Protocol) : MD5 해싱 함수 사용

기본 PPP 설정

- 1단계 IP 주소 설정
  - Router(config-if)#ip address *IP주소 서브넷마스크*
- 2단계 encapsulation 설정
  - Router(config-if)#encapsulation ppp
- 3단계 인터페이스 활성화
  - Router(config-if)#no shutdown
- 4단계 클럭 속도 설정
  - Router(config-if)#clock rate *speed-in-bps*
  - 백투백 시리얼 링크에 사용
  - DCE 케이블 쪽의 라우터에만 설정
- (옵션)5단계 링크 속도 설정
  - Router(config-if)#bandwidth *speed-in-kbps*

CHAP 설정

- 1단계 호스트 네임 설정
  - Router(config)#hostname *name*
  - 자신의 호스트 네임 설정
- 2단계 상대방 설정
  - Router(config)#username *name* password *password*
  - 상대방 라우터의 호스트 네임과 공유 비밀번호 설정
- 3단계 인증 방법 설정
  - Router(config-if)#ppp authentication chap
  - 해당 인터페이스에 CHAP를 활성화

예)

```
hostname Router1
username Router2 password s_pass
interface serial 0/0/1
  encapsulation ppp
  ppp authentication chap
```

```
hostname Router2
username Router1 password s_pass
interface serial 0/0/1
  encapsulation ppp
  ppp authentication chap
```

13-2 시리얼 링크 문제해결

< Ping이 작동하지 않는 경우, 인터페이스 상태 및 원인 >

라인 상태	프로토콜 상태	원인
administratively down	down	인터페이스 셧 다운
down	down	1계층 문제
up	down	2계층 문제
up	up	3계층 문제

1계층 문제해결

- 전형적으로 1계층 문제는 시리얼 링크의 양쪽 단의 라인 상태가 down인 결과로 발생
  - "down/down", "down/down"
- 주요원인
  - 전용선(leased line) 다운 : 통신사 문제
  - 통신사의 라인이 CSU/DSU 장치에 연결되어 있지 않는 경우
  - CSU/DSU 장치에 오류가 있거나 잘못 설정되어 있는 경우
  - 라우터와 CSU/DSU 간의 시리얼 케이블에 문제가 있거나 연결되어 있지 않은 경우
- 백투백(back-to-back) 시리얼 링크
  - DCE 케이블 쪽의 라우터에 clock rate 명령을 입력하지 않은 경우 "up/down" 상태
  - 증상 확인 : show controllers serial, "no clock" 메시지를 출력

2계층 문제해결

- 전형적으로 시리얼 라인 상태는 up, 라인 프로토콜 상태는 down
  - "up/down", "up/down"

라인 상태	프로토콜 상태	원인
up	양단 down, 혹은 한쪽 down이고 다른 쪽은 up과 down 변동	encapsulation 명령 미스매치
up	한쪽은 down, 다른 쪽은 up	up 상태 쪽에 keepalive 디스에이블
up	양쪽 down	PAP/CHAP 인증실패

- 킵얼라이브(Keepalive) 실패
  - 실수로 PPP 시리얼 링크의 한쪽에만 킵얼라이브를 인에이블 시킨 경우
  - "up/up", "up/down"

- PAP 및 CHAP 인증실패
  - "up/down", "up/down".

3계층 문제해결

- HDLC
  - 라인/프로토콜 상태 : "up/up", "up/up"
  - 증상 : ping 실패
  - 주요원인 : IP 서브넷 미스매치
- PPP
  - 라인/프로토콜 상태 : "up/up", "up/up"
  - 증상 : ping 성공, 라우팅 프로토콜 실패
  - 주요원인 : IP 서브넷 미스매치

PPP 네트워크 실습

< 기본지식 >

- 기본 PPP 설정
  - Router(config)#int *serial_interface*
  - Router(config-if)#ip add *IP_address Subnet_Mask*
  - Router(config-if)#encapsulation ppp
  - Router(config-if)#clock rate *speed*
  - Router(config-if)#no shutdown
- PPP PAP 설정
  - Router(config)#username *상대방_라우터_이름* password *공유암호*
  - Router(config)#int serial_interface
  - Router(config-if)#ppp authentication pap
  - Router(config-if)#ppp pap sent-username *라우터이름* password *공유암호*
- PPP CHAP 설정
  - Router(config)#username *상대방_라우터_이름* password *공유암호*
  - Router(config)#int serial_interface
  - Router(config-if)#ppp authentication chap

< PPP 네트워크 구성절차 >

1. 장비 선택 및 연결
2. 기본 PPP 설정
3. PPP PAP 설정
4. PPP 통신 시험

< PPP 네트워크 토폴로지 >

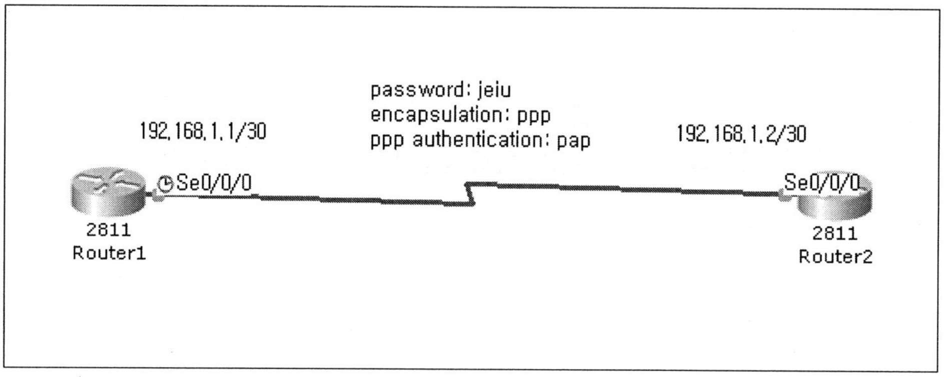

< PPP 네트워크 구성 실습 >

1. 장비 선택 및 연결
1. 2811 라우터(Router1)을 배치하고 전원을 Off 한다.
1. 2811 라우터의 Slot0에 WIC-2T 모듈을 장착한다.
1. 2811 라우터의 전원을 On 한다.
1. 추가 2811 라우터(Router2)를 배치하고 WIC-2T 모듈을 장착한다.
1. Router1의 s0/0/0 인터페이스를 Router2의 s0/0/0 인터페이스에 연결한다.

2. 기본 PPP 설정
2. Router1에 PPP 설정
2. Router1(config)#int s0/0/0
2. Router1(config-if)#ip add 192.168.1.1 255.255.255.252
2. Router1(config-if)#encapsulation ppp
2. Router1(config-if)#clock rate 64000
2. Router1(config-if)#no shutdown

2. Router2에 PPP 설정
2. Router2(config)#int s0/0/0
2. Router2(config-if)#ip add 192.168.1.2 255.255.255.252
2. Router2(config-if)#encapsulation ppp
2. Router2(config-if)#no shutdown

```
Router>en
Router#config t
Enter configuration commands, one per line.  End with CNTL/Z.
Router(config)#hostname Router1
Router1(config)#int s0/0/0
Router1(config-if)#ip add 192.168.1.1 255.255.255.252
Router1(config-if)#encap ppp
Router1(config-if)#clock rate 64000
Router1(config-if)#no shut
```

```
Router>en
Router#config t
Enter configuration commands, one per line.  End with CNTL/Z.
Router(config)#hostname Router2
Router2(config)#int s0/0/0
Router2(config-if)#ip add 192.168.1.2 255.255.255.252
Router2(config-if)#encap ppp
Router2(config-if)#no shut
```

3. PPP PAP 설정
3. Router1에 PPP PAP 설정
3. Router1(config)#username Router2 password jeiu
3. Router1(config)#int s0/0/0
3. Router1(config-if)#ppp authentication pap
3. Router1(config-if)#ppp pap sent-username Router1 password jeiu

3. Router2에 PPP PAP 설정
3. Router2(config)#username Router1 password jeiu
3. Router2(config)#int s0/0/0
3. Router2(config-if)#ppp authentication pap
3. Router2(config-if)#ppp pap sent-username Router2 password jeiu

```
Router1(config)#username Router2 password jeiu
Router1(config)#int s0/0/0
Router1(config-if)#ppp authentication pap
Router1(config-if)#ppp pap sent-username Router1 password jeiu
```

```
Router2(config)#username Router1 password jeiu
Router2(config)#int s0/0/0
Router2(config-if)#ppp authentication pap
Router2(config-if)#ppp pap sent-username Router2 password jeiu
```

4. PPP 통신 시험
4. Router1#ping 192.168.1.2

```
Router1#ping 192.168.1.2

Type escape sequence to abort.
Sending 5, 100-byte ICMP Echos to 192.168.1.2, timeout is 2 seconds:
!!!!!
Success rate is 100 percent (5/5), round-trip min/avg/max = 31/46/110 ms
```

14장

ACL

14-1 ACL 기본

- ACL 개념
- ACL 목록
- 와일드카드 마스크

ACL 개념

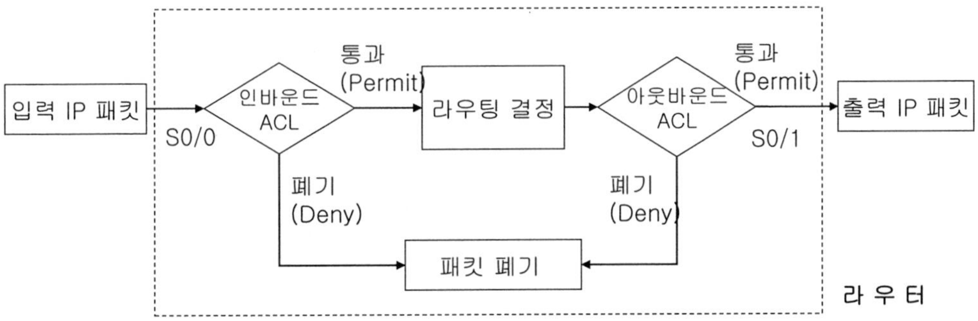

- ACL(Access Control List)
  - 라우터에서 패킷의 통과(permit) 혹은 폐기(deny)를 제어
- 인바운드 ACL / 아웃바운드 ACL
  - 인바운드 ACL : ACL을 라우팅 결정 전에 적용
  - 아웃바운드 ACL : ACL을 라우팅 결정 후에 적용
- 기본 ACL / 확장 ACL
  - 기본 ACL : 제어 대상에 송신지 만을 고려
  - 확장 ACL : 제어 대상에 송신지와 목적지 둘 다를 고려

ACL 목록

- ACL(Access Control List) 작성
  - ACL은 여러 개의 ACL 목록을 순서대로 나열하여 작성
  - 다수의 ACL을 작성하는 것도 가능하며 구분하기 위해 ACL 번호 사용

- ACL 목록
  - access-list 명령을 이용하여 조건(액션, IP주소, 와일드카드마스크) 설정
  - access-list ACL번호 액션 IP주소 와일드카드마스크
  - ACL번호 : 해당 목록이 등록될 ACL
  - 액션: 통과(permit) 또는 거부(deny)를 규정
  - IP주소 및 와일드카드마스크 : 제어할 IP 주소의 범위를 결정하기 위한 매칭 로직

- 입력 패킷에 대한 ACL 처리 순서
  - IP 주소가 첫 번째 ACL 목록의 매칭 로직과 일치하면 규정된 액션을 수행
  - 일치하지 않으면, 나머지 목록들에 대해서 첫 번째 목록에서와 같은 과정을 수행
  - 끝까지 일치하지 않으면, deny 액션 수행 (deny any)

와일드카드 마스크

- 와일드카드 마스크
  - IP 주소의 범위 지정
  - 와일드카드 마스크 = 255.255.255.255 - 서브넷 마스크
- IP 주소의 범위 결정 원리
  - 이진수 와일드카드 마스크의 비트 0 위치의 IP 주소 부분은 반드시 일치해야 함
  - 이진수 와일드카드 마스크의 비트 1 위치의 IP 주소 부분은 일치하지 않아도 됨

- IP 주소 = 172.10.16.0, 와일드카드 마스크 = 0.0.15.255 (서브넷 마스크 = 255.255.240.0 = /20)

  - 이진수 IP 주소 = 10101100. 00001010. 0001 0000. 00000000
  - 이진수 와일드카드 마스크 = 00000000. 00000000. 0000 1111. 11111111

  일치해야 하는 부분 (must match) | 일치 안 해도 되는 부분 (don't care)

  - IP 주소에서 반드시 일치해야 되는 부분 = 10101100. 00001010. 0001
  - IP 주소에서 일치하지 않아도 되는 부분 = . . xxxx. xxxxxxxx
  - IP 주소 범위 = 172.10.16.0/20 ~ 172.10.31.255/20

- 특정 IP 주소만을 지정하기 위한 와일드카드 마스크
  - 0.0.0.0
- 모든 IP 주소를 포함하기 위한 와일드카드 마스크
  - 255.255.255.255

- 서브넷 번호를 이용한 IP주소 범위 계산
  - 서브넷 마스크 추출 : 255.255.255.255 - 와일드카드 마스크
  - 서브넷 번호 추출 : IP 주소 && 서브넷 마스크
  - 브로드캐스트 주소 추출 : 서브넷 번호 + 와일드카드 마스크
  - IP 주소범위 = 서브넷 번호 ~ 브로드캐스트 주소

- IP 주소 범위 계산 예제
  - IP 주소 172.10.15.0, 와일드카드 마스크 0.0.7.255
  - 서브넷 마스크 = 255.255.255.255 - 0.0.7.255 = 255.255.248.0 = /21
  - 서브넷 번호 = 172.10.15.0 && 255.255.248.0 = 172.10.8.0
  - 브로드캐스트 주소 = 172.10.8.0 + 0.0.7.255 = 172.10.15.255
  - IP 주소범위 = 172.10.8.0/21 ~ 172.10.15.255/21

14-2 기본(Standard) ACL

- 기본 ACL 개념
- 기본 ACL 설정
- 기본 ACL 설정 예제

기본 ACL 개념

ACL 타입	매칭 로직 구성
기본 ACL	송신지IP주소
	와일드카드마스크

- 기본 ACL(Standard ACL)
  - 제어 대상을 결정하기 위한 매칭 로직에 송신지 만을 고려
  - ACL 번호 : 1 ~ 99

기본 ACL 설정

- Router(config)#access-list ACL번호 {deny|permit} 송신지IP주소 송신지와일드카드
  - 기본 ACL 목록을 설정하고 지정된 번호의 ACL에 등록
  - ACL번호 : 해당 목록을 등록할 ACL의 번호 (표준 ACL 번호는 1 ~ 99)
  - deny | permit : 필터할 것인지 허용할 것인지 지정
  - 송신지IP주소/송신지와일드카드 : 제어할 송신지 IP 주소범위를 결정

- Router(config-if)#ip access-group ACL번호 {in | out}
  - 해당 인터페이스에 지정된 번호의 ACL을 적용
  - ACL번호 : 적용하고자 하는 ACL 번호
  - in | out: 입력(in) 패킷에 적용할지 출력(out) 패킷에 적용할지를 선택
  - 표준/확장 ACL 설정에 공통

- Router(config)#no access-list ACL번호
  - 지정된 번호의 ACL을 전부 삭제

기본 ACL 설정 예제

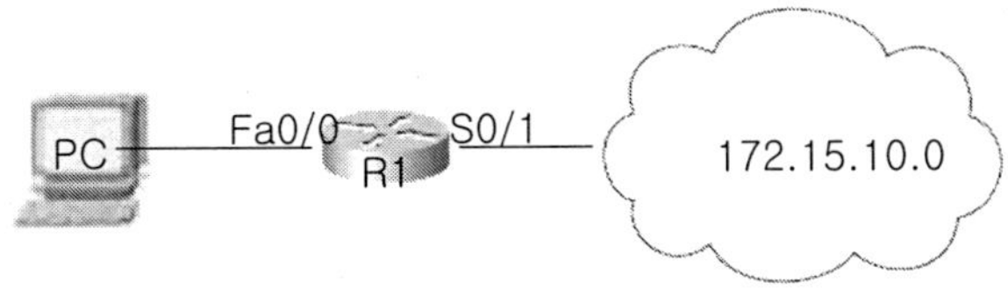

- 예제 1
- 172.15.10.0 네트워크만 라우터 R1의 PC에 접근하지 못하도록 차단
- R1(config)#access-list 1 deny 172.15.10.0 0.0.0.255
- R1(config)#access-list 1 permit any
- R1(config)#interface Fa0/0
- R1(config-if)#ip access-group 1 out

- 예제 2
- 172.15.10.1 호스트만 라우터 R1의 PC에 접근하지 못하도록 차단
- R1(config)#access-list 1 deny 172.15.10.1 0.0.0.0
- R1(config)#access-list 1 permit any
- R1(config)#interface Fa0/0
- R1(config-if)#ip access-group 1 out

기본 ACL 설정 실습

< 기본지식 >

❖ Access Control List
- 조건에 따라 트래픽의 통과를 Permit(허용) 혹은 Deny(거부) 한다.

❖ Standard ACL 설정
- Source IP 주소만을 이용한다.
- ACL 번호:1 ~ 99
- router(config)#access-list *acl-number {deny | permit} source-IP source-wildcard-mask*
- router(config-if)#ip access-group *acl-number {in/out}*

< 네트워크 구성절차 >

1. 장비 선택 및 연결
2. 네트워크 설계
3. IP 주소 및 EIGRP 설정
4. Standard ACL 설정

< ACL 네트워크 토폴로지 >

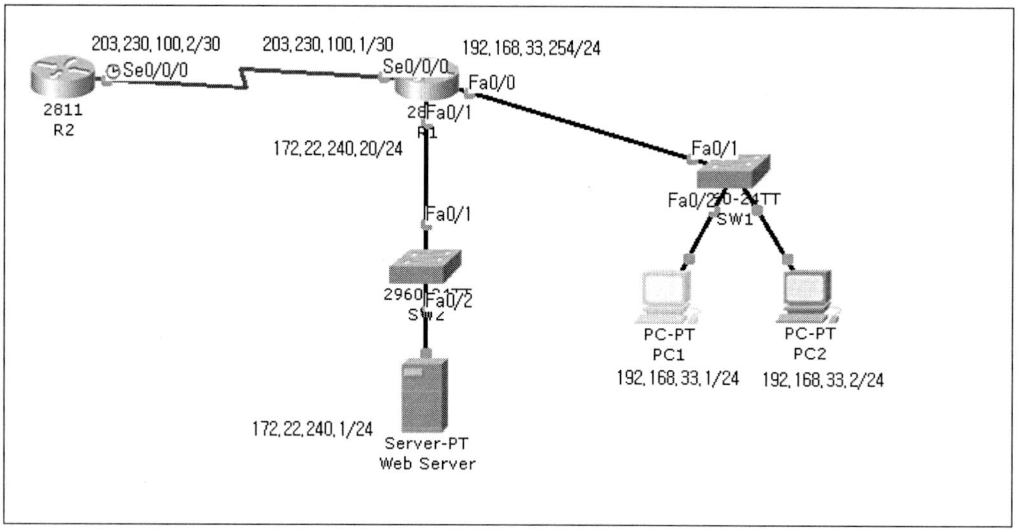

< ACL 네트워크 구성 실습 >

1. 장비 선택 및 연결
1. 2811 라우터 R1, R2의 Slot0에 WIC-2T 네트워크 모듈을 장착한다.
1. PC1, PC2를 스위치 SW1의 Fa0/2, Fa0/3에 연결한다.
1. 스위치 SW1의 Fa0/1을 R1의 Fa0/0에 연결한다.
1. R1의 S0/0/0를 R2의 S0/0/0에 연결한다.
1. R1의 Fa0/1에 스위치 SW2의 Fa0/1을 연결한다.

2. 192.168.33.0/24, 172.22.240.0/24, 203.230.100.0/30 네트워크를 설정한다.
2. R1의 Fa0/0에 192.168.33.0/24, Fa0/1에 172.22.240.0/24, S0/0/0에 203.230.100.0/30 할당

3. 라우터 R1에 IP 주소 및 EIGRP 설정
3. EIGRP의 경우 AS 번호는 100, 라우팅 업데이트는 Classful 방식을 채택한다.
3. R1(config)#int fa0/0
3. R1(config-if)#ip add 192.168.33.254 255.255.255.0
3. R1(config-if)#no shutdown
3. R1(config)#int fa0/1
3. R1(config-if)#ip add 172.22.240.20 255.255.255.0
3. R1(config-if)#no shutdown
3. R1(config-if)#int s0/0/0
3. R1(config-if)#ip add 203.230.100.1 255.255.255.252
3. R1(config-if)#no shutdown

3. R1(config)#router eigrp 100
3. R1(config-router)#network 192.168.33.0
3. R1(config-router)#network 172.22.0.0
3. R1(config-router)#network 203.230.100.0

```
interface FastEthernet0/0
 ip address 192.168.33.254 255.255.255.0
 duplex auto
 speed auto
!
interface FastEthernet0/1
 ip address 172.22.240.20 255.255.255.0
 duplex auto
 speed auto
!
interface Serial0/0/0
 ip address 203.230.100.1 255.255.255.252
!
interface Serial0/0/1
 no ip address
 shutdown
!
interface Vlan1
 no ip address
 shutdown
!
router eigrp 100
 network 192.168.33.0
 network 172.22.0.0
 network 203.230.100.0
 auto-summary
```

3. 라우터 R2에 IP 주소 및 EIGRP 설정
3. EIGRP의 경우 AS 번호는 100, 라우팅 업데이트는 Classful 방식을 채택한다.
3. R2(config)#int s0/0/0
3. R2(config-if)#ip add 203.230.100.2 255.255.255.252
3. R2(config-if)#clock rate 64000
3. R2(config-if)#no shutdown
3. R2(config)#router eigrp 100
3. R2(config-router)#network 203.230.100.0

```
interface Serial0/0/0
 ip address 203.230.100.2 255.255.255.252
 clock rate 64000
!
interface Serial0/0/1
 no ip address
 shutdown
!
interface Vlan1
 no ip address
 shutdown
!
router eigrp 100
 network 203.230.100.0
 auto-summary
```

```
R1#sh ip route
Codes: C - connected, S - static, I - IGRP, R - RIP, M - mobile, B - BGP
       D - EIGRP, EX - EIGRP external, O - OSPF, IA - OSPF inter area
       N1 - OSPF NSSA external type 1, N2 - OSPF NSSA external type 2
       E1 - OSPF external type 1, E2 - OSPF external type 2, E - EGP
       i - IS-IS, L1 - IS-IS level-1, L2 - IS-IS level-2, ia - IS-IS inter area
       * - candidate default, U - per-user static route, o - ODR
       P - periodic downloaded static route

Gateway of last resort is not set

     172.22.0.0/16 is variably subnetted, 2 subnets, 2 masks
D       172.22.0.0/16 is a summary, 00:16:25, Null0
C       172.22.240.0/24 is directly connected, FastEthernet0/1
C    192.168.33.0/24 is directly connected, FastEthernet0/0
     203.230.100.0/24 is variably subnetted, 2 subnets, 2 masks
D       203.230.100.0/24 is a summary, 00:10:21, Null0
C       203.230.100.0/30 is directly connected, Serial0/0/0
```

```
R2#sh ip route
Codes: C - connected, S - static, I - IGRP, R - RIP, M - mobile, B - BGP
       D - EIGRP, EX - EIGRP external, O - OSPF, IA - OSPF inter area
       N1 - OSPF NSSA external type 1, N2 - OSPF NSSA external type 2
       E1 - OSPF external type 1, E2 - OSPF external type 2, E - EGP
       i - IS-IS, L1 - IS-IS level-1, L2 - IS-IS level-2, ia - IS-IS inter area
       * - candidate default, U - per-user static route, o - ODR
       P - periodic downloaded static route

Gateway of last resort is not set

D    172.22.0.0/16 [90/2172416] via 203.230.100.1, 00:09:15, Serial0/0/0
D    192.168.33.0/24 [90/2172416] via 203.230.100.1, 00:09:15, Serial0/0/0
     203.230.100.0/30 is subnetted, 1 subnets
C       203.230.100.0 is directly connected, Serial0/0/0
```

4. R1에 Standard ACL 설정
4. PC1만 Web Server 접속 허용
4. 나머지 호스트들은 Web Server 접속 차단
4. Fa0/1의 출력방향(out)에 ACL 1번 적용
4. R1(config)#access-list 1 permit 192.168.33.1 0.0.0.0
4. R1(config)#access-list 1 deny any
4. R1(config)#int fa0/1
4. R1(config-if)#ip access-group 1 out
4. PC1에서 Web Server로 Ping 성공
4. PC2, R2에서 Web Server로 Ping 실패

```
access-list 1 permit host 192.168.33.1
access-list 1 deny any
```

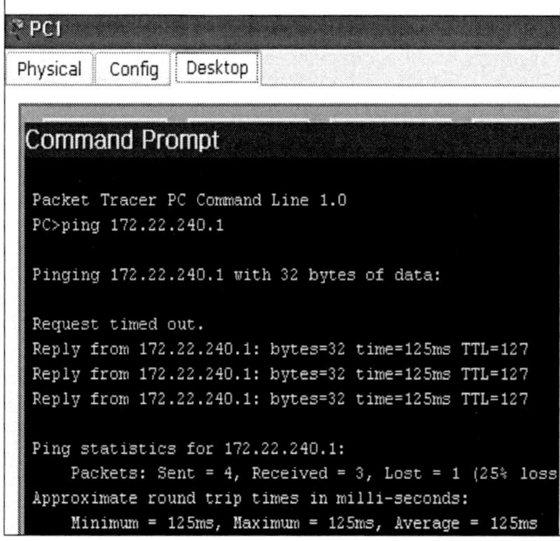

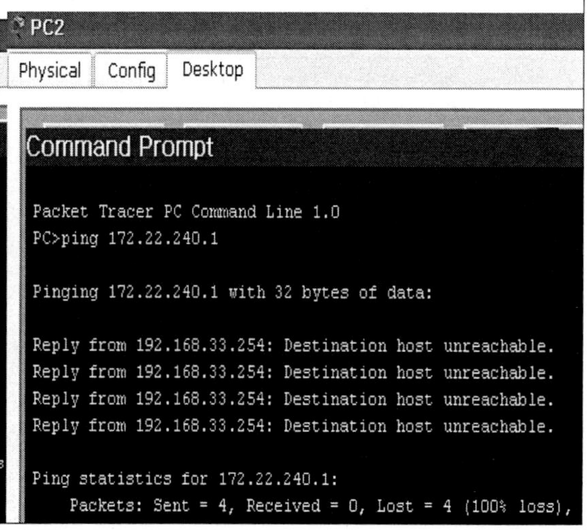

14-3 확장(Extended) ACL

- 확장 ACL 개념
- TCP 및 UDP 포트번호 매칭
- 확장 ACL 설정
- 확장 ACL 설정 예제

확장 ACL 개념

ACL 타입	매칭 로직 구성
확장 ACL	송신지 IP주소 및 와일드카드 마스크
	수신지 IP주소 및 와일드카드 마스크
	송신지 포트번호
	수신지 포트번호

- 확장 ACL(Extended ACL)
  - 제어 대상을 결정하기 위한 매칭 로직에 송신지와 목적지 둘 다 사용
  - IP 주소와 더불어 TCP/UDP 포트 번호도 사용 가능
  - ACL 번호 : 100 ~ 199, 2000 ~ 2699

TCP 및 UDP 포트번호 매칭

어플리케이션	프로토콜	포트번호
FTP 데이터/컨트롤	TCP	20/21
Telnet	TCP	23
SMTP	TCP	25
DNS	UDP, TCP	53
HTTP (WWW)	TCP	80
POP3	TCP	110
SNMP	UDP	161

확장 ACL 설정

- Router(config)#access-list ACL번호 {deny | permit} 프로토콜
  송신지IP주소 송신지와일드카드 [논리연산자 포트번호]
  목적지IP주소 목적지와일드카드 [논리연산자 포트번호]
  - 프로토콜 : IP, TCP, UDP 등
  - 논리연산자 : gt, lt, eq, neq

- access-list 101 permit ip 203.203.100.1 0.0.0.0 40.10.1.1 0.0.0.0
  - ip: IP 패킷을 검사
  - 203.203.100.1 0.0.0.0 : 송신지의 IP 주소는 203.203.100.1이어야 함
  - 40.10.1.1 0.0.0.0 : 목적지의 IP주소는 40.10.1.1이어야 함
  - 송신지 203.203.100.1에서 목적지 40.10.1.1로 가는 IP 패킷만 통과
- access-list 101 deny ip any host 10.2.1.1
  - any: 송신지 IP 주소는 어떤 것이든지 상관없음
  - host 10.2.1.1: 10.2.1.1 0.0.0.0과 같음(목적지 IP주소는 10.2.1.1이어야 함)
- access-list 101 deny tcp any gt 1023 host 10.2.1.1 eq 23
  - tcp: TCP 세그먼트를 탑재한 IP 패킷을 검사
  - any gt 1023: 송신지 IP 주소는 상관없고(any) TCP 포트번호는 1023 보다 커야 함
  - host 10.2.1.1 eq 23: 목적지 IP주소는 10.2.1.1이고 포트번호는 23번 이어야 함
- access-list 101 permit ip any any
  - 어떤 IP 주소의 패킷도 모두 허용

확장 ACL 설정 예제

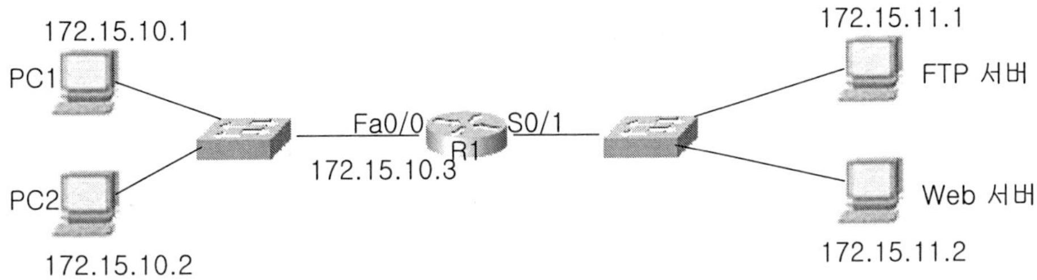

- 예제 : PC1은 FTP 서비스에 접근 차단, PC2는 웹 서비스에 접근 차단, 다른 트래픽은 허용
- R1(config)#access-list 101 deny tcp host 172.15.10.1 host 172.15.11.1 eq 23
- R1(config)#access-list 101 deny tcp host 172.15.10.1 host 172.15.11.2 eq 80
- R1(config)#access-list 101 permit ip any any
- R1(config)#interface Fa0/0
- R1(config-if)#ip address 172.15.10.3 255.255.255.0
- R1(config-if)#no shutdown
- R1(config-if)#ip access-group 101 in

확장 ACL 설정 실습

< 기본지식 >

❖ Extended ACL 설정

- Source IP와 Destination IP를 모두 이용한다.
- ip 프로토콜 외에도 tcp, udp 등의 프로토콜을 사용할 수 있다.
- ACL 번호: 100 - 199, 2000 - 2699
- router(config)#access-list *acl-number {permit | deny} protocol source-IP source-wildcard-mask [operator port-number] destination-IP destination-wildcard-mask [operator port-number]*
- router(config-if)#ip access-group *acl-number {in | out}*

< 네트워크 구성절차 >

1. 장비 선택 및 연결
2. 네트워크 설계
3. IP 주소 및 EIGRP 설정
4. Extended ACL 설정

< ACL 네트워크 토폴로지 >

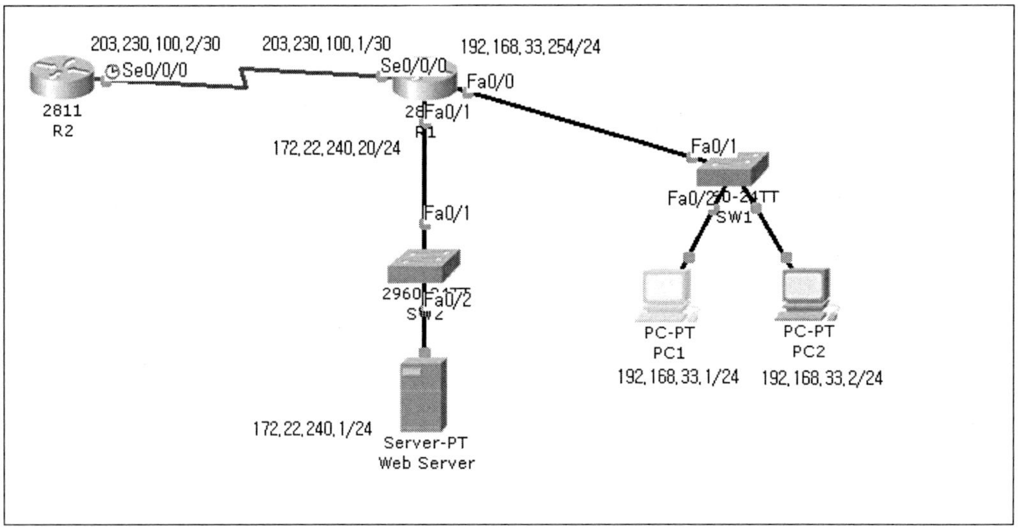

< 확장 ACL 설정 실습 >

1. 장비 선택 및 연결
1. 2811 라우터 R1, R2의 Slot0에 WIC-2T 네트워크 모듈을 장착한다.
1. PC1, PC2를 스위치 SW1의 Fa0/2, Fa0/3에 연결한다.
1. 스위치 SW1의 Fa0/1을 R1의 Fa0/0에 연결한다.
1. R1의 S0/0/0를 R2의 S0/0/0에 연결한다.
1. R1의 Fa0/1에 스위치 SW2의 Fa0/1을 연결한다.

2. 192.168.33.0/24, 172.22.240.0/24, 203.230.100.0/30 네트워크를 설정한다.
2. R1의 Fa0/0에 192.168.33.0/24, Fa0/1에 172.22.240.0/24, S0/0/0에 203.230.100.0/30 할당

3. 라우터 R1에 IP 주소 및 EIGRP 설정
3. EIGRP의 경우 AS 번호는 100, 라우팅 업데이트는 Classful 방식을 채택한다.
3. R1(config)#int fa0/0
3. R1(config-if)#ip add 192.168.33.254 255.255.255.0
3. R1(config-if)#no shutdown
3. R1(config)#int fa0/1
3. R1(config-if)#ip add 172.22.240.20 255.255.255.0
3. R1(config-if)#no shutdown
3. R1(config-if)#int s0/0/0
3. R1(config-if)#ip add 203.230.100.1 255.255.255.252
3. R1(config-if)#no shutdown

3. R1(config)#router eigrp 100
3. R1(config-router)#network 192.168.33.0
3. R1(config-router)#network 172.22.0.0
3. R1(config-router)#network 203.230.100.0

```
interface FastEthernet0/0
 ip address 192.168.33.254 255.255.255.0
 duplex auto
 speed auto
!
interface FastEthernet0/1
 ip address 172.22.240.20 255.255.255.0
 duplex auto
 speed auto
!
interface Serial0/0/0
 ip address 203.230.100.1 255.255.255.252
!
interface Serial0/0/1
 no ip address
 shutdown
!
interface Vlan1
 no ip address
 shutdown
!
router eigrp 100
 network 192.168.33.0
 network 172.22.0.0
 network 203.230.100.0
 auto-summary
```

3. 라우터 R2에 IP 주소 및 EIGRP 설정
3. EIGRP의 경우 AS 번호는 100, 라우팅 업데이트는 Classful 방식을 채택한다.
3. R2(config)#int s0/0/0
3. R2(config-if)#ip add 203.230.100.2 255.255.255.252
3. R2(config-if)#clock rate 64000
3. R2(config-if)#no shutdown
3. R2(config)#router eigrp 100
3. R2(config-router)#network 203.230.100.0

```
interface Serial0/0/0
 ip address 203.230.100.2 255.255.255.252
 clock rate 64000
!
interface Serial0/0/1
 no ip address
 shutdown
!
interface Vlan1
 no ip address
 shutdown
!
router eigrp 100
 network 203.230.100.0
 auto-summary
```

```
R1#sh ip route
Codes: C - connected, S - static, I - IGRP, R - RIP, M - mobile, B - BGP
       D - EIGRP, EX - EIGRP external, O - OSPF, IA - OSPF inter area
       N1 - OSPF NSSA external type 1, N2 - OSPF NSSA external type 2
       E1 - OSPF external type 1, E2 - OSPF external type 2, E - EGP
       i - IS-IS, L1 - IS-IS level-1, L2 - IS-IS level-2, ia - IS-IS inter area
       * - candidate default, U - per-user static route, o - ODR
       P - periodic downloaded static route

Gateway of last resort is not set

     172.22.0.0/16 is variably subnetted, 2 subnets, 2 masks
D       172.22.0.0/16 is a summary, 00:16:25, Null0
C       172.22.240.0/24 is directly connected, FastEthernet0/1
C    192.168.33.0/24 is directly connected, FastEthernet0/0
     203.230.100.0/24 is variably subnetted, 2 subnets, 2 masks
D       203.230.100.0/24 is a summary, 00:10:21, Null0
C       203.230.100.0/30 is directly connected, Serial0/0/0
```

```
R2#sh ip route
Codes: C - connected, S - static, I - IGRP, R - RIP, M - mobile, B - BGP
       D - EIGRP, EX - EIGRP external, O - OSPF, IA - OSPF inter area
       N1 - OSPF NSSA external type 1, N2 - OSPF NSSA external type 2
       E1 - OSPF external type 1, E2 - OSPF external type 2, E - EGP
       i - IS-IS, L1 - IS-IS level-1, L2 - IS-IS level-2, ia - IS-IS inter area
       * - candidate default, U - per-user static route, o - ODR
       P - periodic downloaded static route

Gateway of last resort is not set

D    172.22.0.0/16 [90/2172416] via 203.230.100.1, 00:09:15, Serial0/0/0
D    192.168.33.0/24 [90/2172416] via 203.230.100.1, 00:09:15, Serial0/0/0
     203.230.100.0/30 is subnetted, 1 subnets
C       203.230.100.0 is directly connected, Serial0/0/0
```

4. R1에 Extended ACL 설정
4. PC1만(host 192.168.33.1) Web Server(host 172.22.240.1 eq 80) 접속 허용(permit)
4. 나머지 호스트들(any)은 Web Server 접속 차단(deny)
4. 다른 모든 트래픽(ip any any)은 접속 허용
4. Fa0/1의 출력방향(out)에 ACL 100번 적용
4. R1(config)#no access-list 1
4. R1(config)#access-list 100 permit tcp host 192.168.33.1 host 172.22.240.1 eq 80
4. R1(config)#access-list 100 deny tcp any host 172.22.240.1 eq 80
4. R1(config)#access-list 100 permit ip any any
4. R1(config)#int fa0/1
4. R1(config-if)#ip access-group 100 out

4. PC1의 웹 브라우저에서 Web Server 접속 성공
4. PC2의 웹 브라우저에서 Web Server 접속 실패

```
access-list 100 permit tcp host 192.168.33.1 host 172.22.240.1 eq www
access-list 100 deny tcp any host 172.22.240.1 eq www
access-list 100 permit ip any any
```

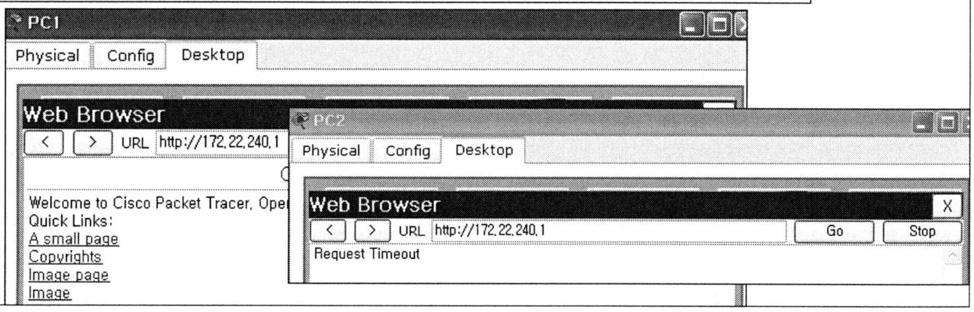

4. PC1에서 Web Server로 Ping 성공
4. PC2에서 Web Server로 Ping 성공

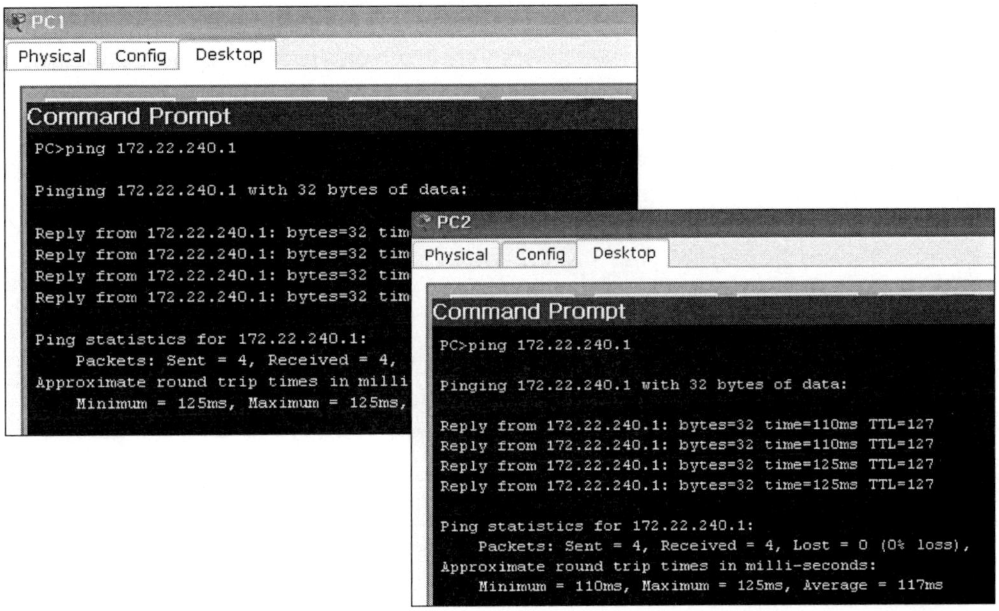

15장

NAT

15-1 NAT 개념

- 사설 IP 주소
- Static NAT
- Dynamic NAT
- PAT

사설 IP주소

- IPv4 주소를 확장
  - 사설 IP 주소는 중복 사용 가능
- 인터넷에 직접 연결할 수 없음
  - 사설 IP 주소를 공공 IP 주소로 변환하는 NAT 필요
  - NAT(Network Address Translation) : 사설 IP 주소 ↔ 공공 IP 주소

네트워크 클래스	IP 주소범위	네트워크 수
A	10.0.0.0 - 10.255.255.255	1
B	172.16.0.0 - 172.31.255.255	16
C	192.168.0.0 - 192.168.255.255	256

Static NAT

- 스태틱 NAT 라우터
  - 사설 IP 주소와 공공 IP 주소를 일대일 매핑
  - 사설 네트워크에 두 호스트가 있는 경우, 두 개의 스태틱 일대일 매핑이 필요

- 인사이드 로컬 주소
  - 사설 네트워크(인사이드) 호스트의 사설 IP 주소
- 인사이드 글로벌 주소
  - 인사이드 호스트의 사설 IP 주소에 대응하는 공공 IP 주소
- 아웃사이드 글로벌 주소
  - 공공 네트워크(아웃사이드) 호스트의 공공 IP 주소

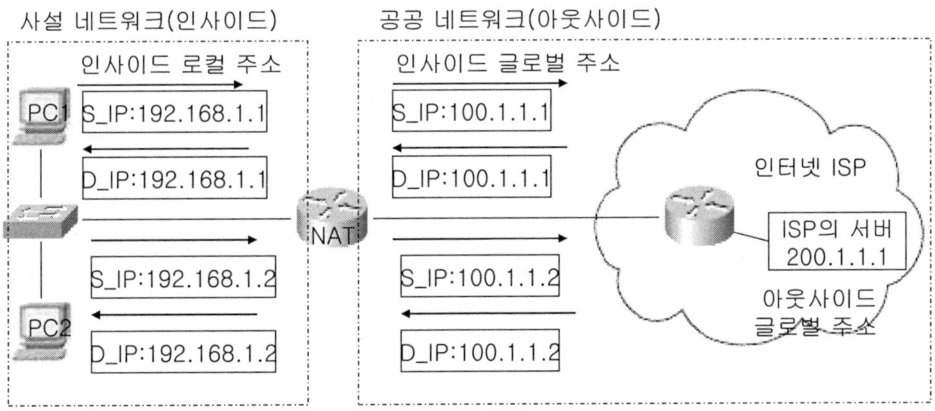

< 스태틱 NAT 테이블 >

인사이드 로컬 주소 (사설 IP 주소)	인사이드 글로벌 주소 (공공 IP 주소)
192.168.1.1	100.1.1.1
192.168.1.2	100.1.1.2

Dynamic NAT

- 다이내믹 NAT 라우터
  - 매칭기준(사설 IP 주소의 범위)를 설정 : ACL(Access Control List)을 사용
  - 인사이드 글로벌 주소들의 NAT 풀(pool)을 설정
  - 매칭기준과 풀의 매핑을 통해 사설 주소를 공공 주소로 변환하고 NAT 테이블에 등록

< 매칭 기준 >
192.168.1.1 ~ 192.168.1.254

< NAT 풀 >
100.1.1.1
100.1.1.2
100.1.1.3
100.1.1.4
100.1.1.5

< 다이내믹 NAT 테이블 >

사설주소 (인사이드 로컬)	공공주소 (인사이드 글로벌)
192.168.1.1	100.1.1.1

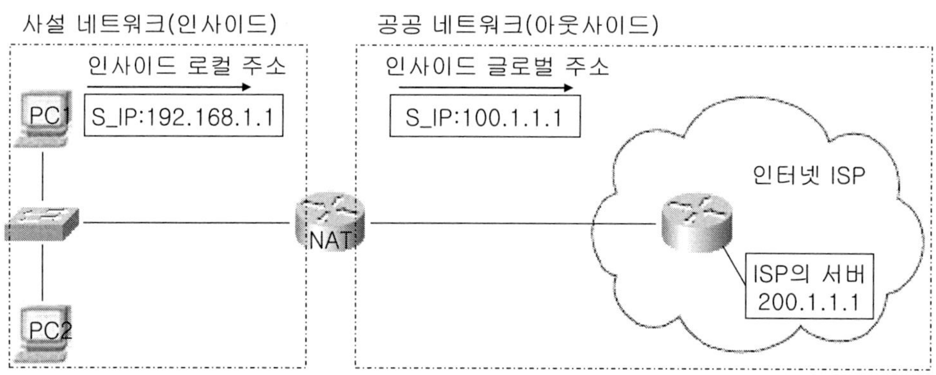

< NAT 풀 >
100.1.1.1
100.1.1.2
100.1.1.3
100.1.1.4
100.1.1.5

< 매칭 기준 >
192.168.1.1 ~ 192.168.1.254

- 호스트 192.168.1.1이 서버 200.1.1.1에 패킷을 전송
- NAT 라우터는 이 패킷이 NAT 매칭 기준에 맞는지 결정
- 매칭 기준에 맞으면, NAT 풀에서 공공 IP주소를 골라서 할당하고, NAT 테이블에 등록
- 사설 IP 주소 192.168.1.1을 공공 IP주소 100.1.1.1로 변환하고 인터넷으로 전송

PAT

- PAT(Port Address Translation)
  - IP 주소와 함께 포트 번호도 사용
  - NAT 오버로딩

사설주소 (인사이드 로컬)	공공주소 (인사이드 글로벌)
192.168.1.1:1024	100.1.1.1:1024
192.168.1.2:1024	100.1.1.1:1025

- 인사이드 로컬 IP 주소와 포트 번호 결합
  - 결합이 중복되지 않아야 함
- 인사이드 글로벌 주소와 고유 포트번호로 변환
  - 포트번호가 중복되지 않아야 함

15-2 NAT 설정

- Static NAT 설정
- Dynamic NAT 설정
- PAT 설정

Static NAT 설정

- ip nat inside : 해당 인터페이스를 NAT의 인사이드로 설정
- ip nat outside : 해당 인터페이스를 NAT의 아웃사이드로 설정
- ip nat inside source static *inside-local inside-global* : 사설 주소를 글로벌 주소로 변환

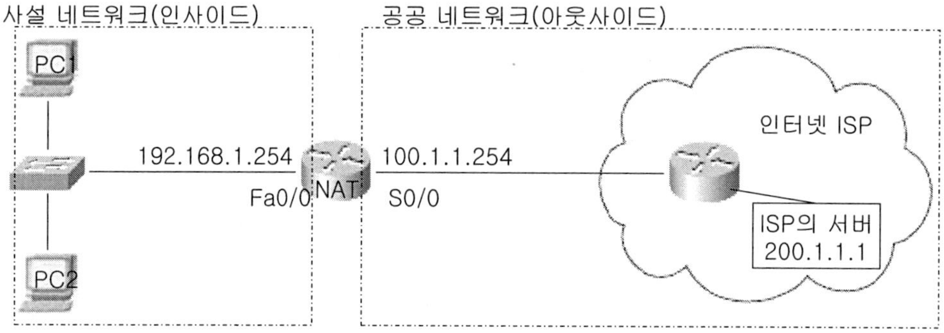

< 스태틱 NAT 테이블 >

사설주소 (인사이드 로컬)	공공주소 (인사이드 글로벌)
192.168.1.1	100.1.1.1
192.168.1.2	100.1.1.2

- NAT(config)#interface Fa0/0
- NAT(config-if)#ip address 192.168.1.254 255.255.255.0
- NAT(config-if)#ip nat inside

- NAT(config)#interface S0/0
- NAT(config-if)#ip address 100.1.1.254 255.255.255.0
- NAT(config-if)#ip nat outside

- NAT(config)#ip nat inside source static 192.168.1.1 100.1.1.1
- NAT(config)#ip nat inside source static 192.168.1.2 100.1.1.2

Dynamic NAT 설정

- ip nat inside
- ip nat outside
- access-list : ACL을 사용하여 매칭 기준(사설 IP 주소 범위)를 설정
- ip nat pool *pool-name first-address last-address* netmask *net-mask*
  - 공공 IP 주소의 NAT 풀을 설정
  - net-mask : 공공 IP 주소의 범위를 지정(서브넷 마스크와는 다름)
- ip nat source list *acl-number* pool *pool-name*
  - 사설 주소는 ACL, 공공 주소는 풀을 참조하는 다이나믹 NAT를 인에이블

- NAT(config)#interface Fa0/0
- NAT(config-if)#ip address 192.168.1.254 255.255.255.0
- NAT(config-if)#ip nat inside

- NAT(config)#interface S0/0
- NAT(config-if)#ip address 100.1.1.254 255.255.255.0
- NAT(config-if)#ip nat outside

- NAT(config)#ip nat pool pool1 100.1.1.1 100.1.1.2 netmask 255.255.255.252
- NAT(config)#ip nat inside source list 1 pool pool1

- NAT(config)#access-list 1 permit 100.1.1.1 0.0.0.0
- NAT(config)#access-list 1 permit 100.1.1.2 0.0.0.0

PAT(NAT 오버로드) 설정

- NAT 풀을 사용하는 경우(공공 IP주소가 여럿이 있는 경우)
  - 다이나믹 NAT 설정과 같고,
  - 다만 ip nat source list 글로벌 명령의 끝에 overload 키워드를 추가
  - ip nat inside
  - ip nat outside
  - access-list
  - ip nat pool *pool-name first-address last-address* netmask *net-mask*
  - ip nat source list *acl-number* pool *pool-name* overload

- 공공 IP주소가 하나인 경우
  - ip nat inside
  - ip nat outside
  - access-list
  - ip nat source list *acl-number* interface *interface-name/number* overload

- NAT(config)#interface Fa0/0
- NAT(config-if)#ip address 192.168.1.254 255.255.255.0
- NAT(config-if)#ip nat inside

- NAT(config)#interface S0/0
- NAT(config-if)#ip address 100.1.1.254 255.255.255.0
- NAT(config-if)#ip nat outside

- NAT(config)#ip nat pool pool1 100.1.1.1 100.1.1.2 netmask 255.255.255.252
- NAT(config)#ip nat inside source list 1 pool1 overload

- NAT(config)#access-list 1 permit 100.1.1.1 0.0.0.0
- NAT(config)#access-list 1 permit 100.1.1.2 0.0.0.0

- NAT(config)#interface Fa0/0
- NAT(config-if)#ip address 192.168.1.254 255.255.255.0
- NAT(config-if)#ip nat inside

- NAT(config)#interface S0/0
- NAT(config-if)#ip address 100.1.1.254 255.255.255.0
- NAT(config-if)#ip nat outside

- NAT(config)#ip nat inside source list 1 interface S0/0 overload

- NAT(config)#access-list 1 permit 100.1.1.1 0.0.0.0
- NAT(config)#access-list 1 permit 100.1.1.2 0.0.0.0

NAT 설정 실습

< 기본지식 >

❖ Static NAT 설정
- Router(config)#ip nat inside source static *inside-local inside-global*
- Router(config)#int *ethernet_interface*
- Router(config-if)#ip add *IP_address Subnet_Mask*
- Router(config-if)#ip nat inside
- Router(config-if)#int *serial_interface*
- Router(config-if)#ip add *IP_address Subnet_Mask*
- Router(config-if)#ip nat outside

❖ Dynamic NAT 설정
- Static NAT 설정에 다음 추가
- Router(config)#access-list *acl-number* {*deny/permit*} *source-address source-wildcard-mask*
- Router(config)#ip nat pool *pool-name first-address last-address* netmask *subnet-mask*
- Router(config)#ip nat inside source list *acl-number* pool *pool-name*

❖ PAT (NAT Overload) 설정
- Dynamic NAT 설정과 같고 ip nat source list 명령의 끝에 overload 추가
- 공공 IP 풀: Router(config)#ip nat inside source list *acl-number* pool *pool-name* overload
- 공공 IP 하나: Router(config)#ip nat inside source list *acl-number* interface *interface-name* overload

< NAT 네트워크 구성절차 >
1. 장비 선택 및 연결
2. IP 주소 및 RIP2 설정
3. Static NAT 설정
4. Dynamic NAT 설정
5. PAT 설정

< NAT 네트워크 토폴로지 >

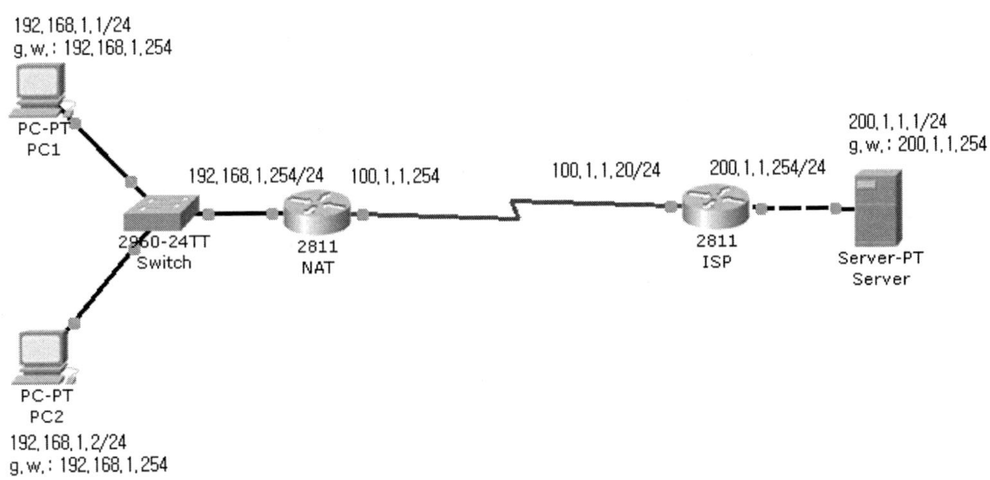

< NAT 설정 실습 >

1. 장비 선택 및 연결
1. 2811 라우터 NAT, ISP의 Slot0에 WIC-2T 네트워크 모듈을 장착한다.
1. PC1, PC2를 Switch의 Fa0/1, Fa0/2에 연결한다.
1. Switch의 Fa0/3을 NAT의 Fa0/0에 연결한다.
1. NAT의 Se0/0/0를 ISP의 Se0/0/0에 연결한다.
1. ISP의 Fa0/0에 Server를 연결한다.

2. 라우터 NAT에 IP 주소 및 RIP2 설정
2. NAT(config)#int fa0/0
2. NAT(config-if)#ip add 192.168.1.254 255.255.255.0
2. NAT(config-if)#no shutdown

2. NAT(config-if)#int s0/0/0
2. NAT(config-if)#ip add 100.1.1.254 255.255.255.0
2. NAT(config-if)#no shutdown

2. NAT(config)#router rip
2. NAT(config-router)#version 2
2. NAT(config-router)#no auto-summary
2. NAT(config-router)#network 192.168.1.0
2. NAT(config-router)#network 100.0.0.0

```
Router>en
Router#conf t
Enter configuration commands, one per line.  End with CNTL/Z.
Router(config)#hostname NAT
NAT(config)#int fa0/0
NAT(config-if)#ip add 192.168.1.254 255.255.255.0
NAT(config-if)#int s0/0/0
NAT(config-if)#ip add 100.1.1.254 255.255.255.0
NAT(config-if)#no shut

%LINK-5-CHANGED: Interface Serial0/0/0, changed state to down
NAT(config-if)#clock rate 64000
NAT(config-if)#router rip
NAT(config-router)#version 2
NAT(config-router)#no auto-summary
NAT(config-router)#network 192.168.1.0
NAT(config-router)#network 100.0.0.0
```

2. 라우터 ISP에 IP 주소 및 RIP2 설정
2. ISP(config)#int fa0/0
2. ISP(config-if)#ip add 200.1.1.254 255.255.255.0
2. ISP(config-if)#no shutdown

2. ISP(config-if)#int s0/0/0
2. ISP(config-if)#ip add 100.1.1.20 255.255.255.0
2. ISP(config-if)#no shutdown

2. ISP(config)#router rip
2. ISP(config-NAT)#version 2
2. ISP(config-router)#no auto-summary
2. ISP(config-router)#network 200.1.1.0
2. ISP(config-router)#network 100.0.0.0

```
Router>en
Router#conf t
Enter configuration commands, one per line.  End with CNTL/Z.
Router(config)#hostname ISP
ISP(config)#int fa0/0
ISP(config-if)#ip add 200.1.1.254 255.255.255.0
ISP(config-if)#int s0/0/0
ISP(config-if)#ip add 100.1.1.20 255.255.255.0
ISP(config-if)#no shut

%LINK-5-CHANGED: Interface Serial0/0/0, changed state to up

ISP(config-if)#
%LINEPROTO-5-UPDOWN: Line protocol on Interface Serial0/0/0, changed st


ISP(config-if)#router rip
ISP(config-router)#version 2
ISP(config-router)#no auto-summary
ISP(config-router)#network 200.1.1.0
ISP(config-router)#network 100.0.0.0
```

3. 라우터 NAT에 Static NAT 설정
3. NAT(config)#ip nat inside source static 192.168.1.1 100.1.1.1
3. NAT(config)#ip nat inside source static 192.168.1.2 100.1.1.2
3. NAT(config)#int fa0/0
3. NAT(config-if)#ip nat inside
3. NAT(config-if)#int s0/0/0
3. NAT(config-if)#ip nat outside
3. PC1에서 Server로 Ping 시험

```
NAT(config)#ip nat inside source static 192.168.1.1 100.1.1.1
NAT(config)#ip nat inside source static 192.168.1.2 100.1.1.2
NAT(config)#int fa0/0
NAT(config-if)#ip nat inside
NAT(config-if)#int s0/0/0
NAT(config-if)#ip nat outside
```

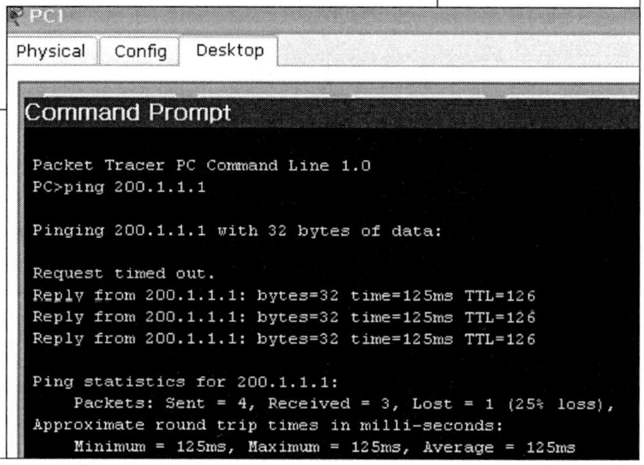

4. 라우터 NAT에 Dynamic NAT 설정
4. NAT(config)#no ip nat inside source static 192.168.1.1 100.1.1.1
4. NAT(config)#no ip nat inside source static 192.168.1.2 100.1.1.2
4. NAT(config)#ip nat pool test 100.1.1.1 100.1.1.2 netmask 255.255.255.252
4. NAT(config)#ip nat inside source list 1 pool test
4. NAT(config)#access-list 1 permit host 192.168.1.1
4. NAT(config)#access-list 1 permit host 192.168.1.2
4. PC1에서 Server로 Ping 시험
4. NAT#sh ip nat translations
4. NAT#debug ip nat
4. Ping 시험
4. Debug 확인
4. NAT#undebug all

```
ip nat pool test 100.1.1.1 100.1.1.2 netmask 255.255.255.252
ip nat inside source list 1 pool test
ip classless
!
!
access-list 1 permit host 192 .168 .1. 1
access-list 1 permit host 192. 168. 1. 2
```

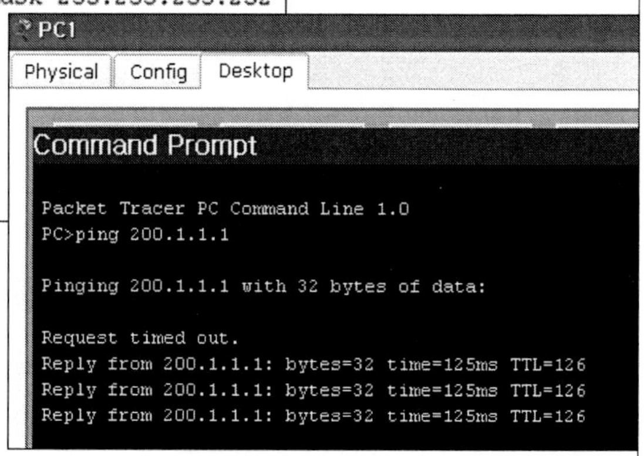

5. 라우터 NAT에 PAT 설정
5. NAT#sh run
5. NAT(config)#no ip nat inside source list 1 pool test
5. NAT(config)#ip nat inside source list 1 pool test overload
5. NAT#sh run
5. PC1에서 Server로 Ping 시험

```
ip nat pool test 100.1.1.1 100.1.1.2 netmask 255.255.255.252
ip nat inside source list 1 pool test overload
ip classless
!
!
access-list 1 permit host 192 .168 .1. 1
access-list 1 permit host 192. 168. 1. 2
```

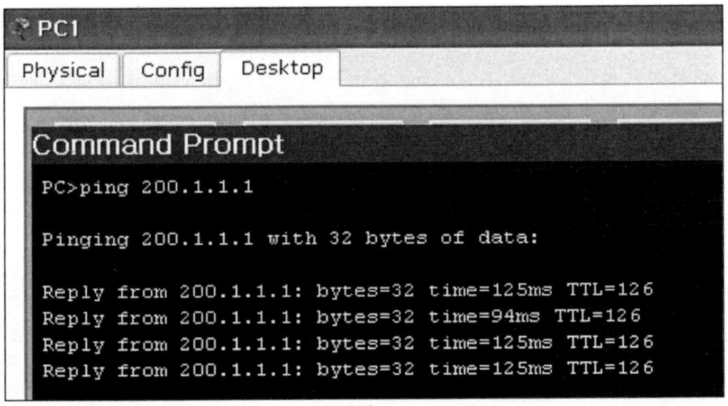

16장

IPv6

16-1 IPv6 개념

- 글로벌 루트 통합
- IPv6 주소 표기법
- IPv6 프리픽스 표기법

글로벌 루트 통합

- IPv6 주소는 주요 지리영역 단위로 그룹을 설정
- 각 영역내부 주소공간은 ISP에 의해서 세분화(RIR)
- ISP 내부 주소공간은 각각의 고객에 분할하여 할당(ISP)
- RIR(Regional Internet Registry) : 프리픽스를 다수의 ISP에 할당
- ISP(Internet Service Provider) : 주소영역을 고객에 할당

IPv6 주소 표기법

- 16진수 네 개(한 벌)마다 콜론(:)으로 구분하여 총 8벌(128비트)로 구성
  - FE00:0000:0000:000d:0000:0000:0000:00a5
- 한 벌 내에서 앞서는 0는 생략 가능
  - 000d → d
  - 0000 → 0
  - 00a5 → a5
- 모든 16진수가 0인 연속된 벌을 묶어서 더블 콜론(::)으로 표시 가능
  - 0000:0000 → ::
  - 다만 더블 콜론은 주어진 어드레스 내에서 단 한번만 사용 가능

- FE00:0000:0000:000d:0000:0000:0000:00a5
- FE00::d:0:0:0:a5
- FE00:0:0:d::a5

IPv6 프리픽스 표기법

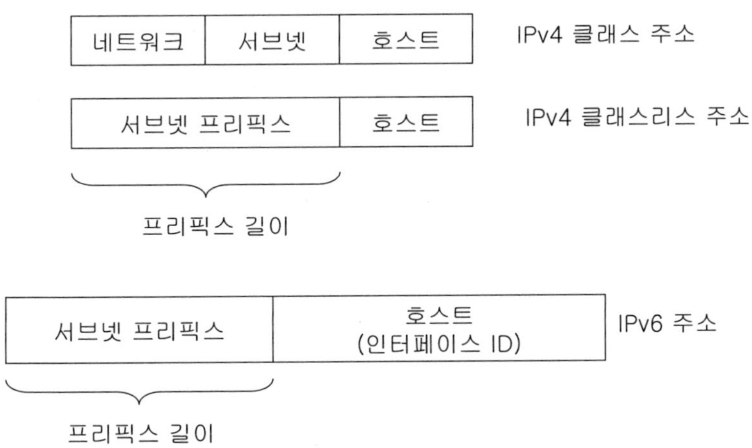

- 프리픽스는 주어진 프리픽스 길이 만큼을 IP주소의 좌측 비트부터 추출
- 프리픽스 이후의 비트는 모두 이진수 0으로 채움
- 프리픽스는 IPv6 주소의 표기법과 마찬가지로 생략 가능
- 프리픽스 길이가 벌 단위가 아닌 경우, 벌 단위 전체 값 사용
- 2000::/3
  - 16진수 2000의 첫 3비트(001)에 일치하는 모든 주소
  - 프리픽스 길이가 3이기 때문에 한 벌 전체 값을 사용, 즉 2::/3은 잘못 된 표기
- 2120:2140::/26
  - 첫 26비트가 16진수 2340:214에 일치하는 모든 주소
  - 프리픽스 길이가 26이기 때문에 두 벌 전체 값을 사용,
  - 즉 2120:214/26은 잘못 된 표기
- 1230:1111::/32
  - 첫 32비트가 1230:1111에 일치하는 모든 주소
  - 프리픽스 길이가 벌 단위, 1230:1111/32는 잘못 된 표기(:: 생략)

16-2 IPv6 프로토콜 및 주소

- IPv6 호스트 주소할당
- IPv6 주소
- IPv6 주소변환

IPv6 호스트 주소 할당

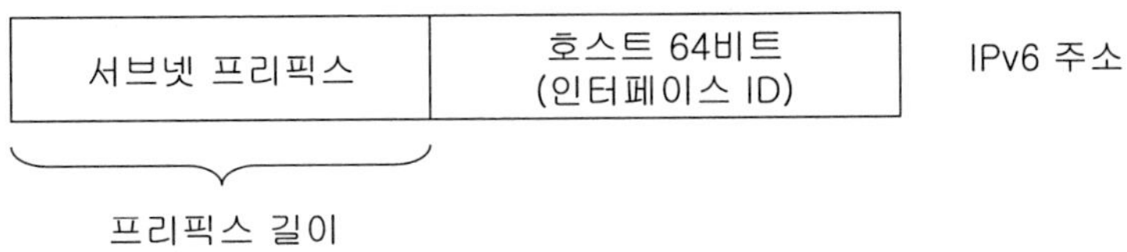

- EUI-64 포맷
  - 인터페이스 ID = MAC 주소의 절반 전반부 + FFFE + MAC 주소의 절반 후반부

IPv6 주소

- 유니캐스트
  - 하나의 호스트에 할당
  - 글로벌 유니캐스트(IPv4 공공 IP주소에 해당) : 2000::/3, 16진수 2 혹은 3으로 시작
  - 로컬 유니캐스트(IPv4 사설주소에 해당) : FD00::/8, 16진수 FD로 시작
- 멀티캐스트
  - 호스트 그룹에 할당
  - FF02::/16으로 시작
- 애니캐스트
  - 똑같은 기능을 갖는 서버들에 똑같은 유니캐스트 IP주소를 할당
  - 트래픽 로드 밸런스 지원
- IPv6 루프백 주소
  - ::1 (127 개의 이진수 0과 하나의 이진수 1)
- 알려지지 않은 주소
  - :: (128 개의 이진수 0)

IPv6 변환

- 듀얼 스택(Dual statck)
  - IPv4와 IPv6 둘 모두를 지원
  - IPv4는 IPv4 호스트로, IPv6는 IPv6 호스트로 전송
- MCT 터널(tunnel)
  - 수동으로 터널 설정
  - 라우터 간에 IPv4 네트워크를 통해 IPv6를 전송
- 6to4 터널
  - 자동으로 터널 설정
  - 라우터 간에 IPv4 네트워크를 통해 IPv6를 전송
- ISATAP 터널
  - 자동으로 터널 설정
  - 라우터 간에 IPv4 네트워크를 통해 IPv6를 전송
  - IPv4 NAT를 지원하지 않음
- Teredo 터널
  - 호스트에서 사용되며, IPv6 패킷을 생성하여 IPv4 속으로 인캡슐레이션
- NAT-PT
  - 라우터가 IPv4와 IPv6를 변환
  - IPv4 호스트들이 IPv6 호스트들과 통신 가능

저자와의
협의에 의해
인지 생략

네트워크 관리

2판 3쇄 2026년 2월 20일

저 자 천상훈
발행인 송광헌
발행처 **복두(더)**
주 소 서울특별시 영등포구 경인로82길 3-4
센터플러스 807호 (우) 07371
전 화 02-2164-2580
FAX 02-2164-2584
등 록 1993. 11. 22. 제 10-902 호

정가 : 13,000원

ISBN : 979-11-6675-469-2 93560

한국과학기술출판협회 회원사